학교 참 좋다
선생님 참 좋다

박선미 선생님과 초등 1학년 아이들의 알콩달콩 교실 이야기

학교 참 좋다 선생님 참 좋다

박선미 글 | 하나 그림

보리

어린 동무들 덕에 오랜 세월 참 행복했습니다

박선미

"어? 선생님도 교통봉사 당번이에요? 우리 학교에 또 왔네요."

석우가 벌써 5학년이 되어서 함께 교통봉사를 합니다.

"어이, 한빛이 기훈이! 박선미 쌤이다. 우리 학교 또 왔대이."

"홍대야! 우리 쌤 내하고 같이 교통봉사 한대이."

지나가는 동무들 불러 세우랴, 오랜만에 얘기 좀 하랴 참 바쁩니다.

"대경이는 잘 지내고요, 예진이랑 윤지는 전학 갔고요, 경철이랑 친해요."

"누구는 자주 싸우는데 와 그리 변했는지 걱정이에요."

문득 말하다 말고 큰숨을 몰아쉽니다.

"아아, 요새는 세상이 너무 많이 변해서요."

"세상이 어떻게 변했는데?"

"옛날에는 많이 놀았잖아요? 학교에서도 많이 놀고, 아이들하고도 많이 놀았잖아요."

"그런데?"

"아, 진짜! 요새는 놀 수가 없어요. 학교에서도 맨날 공부만 하고요, 학원도 가야 되고요, 숙제도 많고요, 문제집도 풀어야 되고요."

"니가 너무 많이 하는 거 아이가?"

"나도 놀고 싶거든요. 근데요 아 진짜, 학력보충반에 걸리면 방학도 없다잖아요. 아 진짜, 세상이 너무 변했어요."

"아, 진짜! 세상이 와 그래 변하노? 아 진짜! 걱정이네. 히히."

함께 웃지만 정말 걱정입니다. 어째서 5학년짜리 아이들까지 방학 때도 학교에 나와서 공부를 해야 할까 봐 걱정하며 살아야 하는 걸까요. 함께 사

는 동무들에게 무슨 일이 있는 건 아닌지 걱정해 주는, 이 장한 아이들을 살
피지 않고 '성적 올리기'에만 마음을 쏟는 이 세상을 어떡해야 하는 걸까요.

"선생님, 아아 진짜! 옛날에는 억수로 재미있었잖아요?"

반갑게 달려들던 기훈이, 경철이, 정민이, 그 아이들을 만나고, 석우랑
이야기를 나누다 보니 조금 용기가 생깁니다. 그래서 서너 달 가까이 망설
이던 글을 이렇게 꺼내 봅니다.

'서너 해나 지난 이야기를 엮어내는 게 무슨 의미가 있겠노?'

그런 생각이 떠오를 때마다 만지작거리기만 하던 글 뭉치입니다. 오늘은
훨씬 가벼운 마음으로 읽습니다. 아이들이 쓴 글과 내가 쓴 아이들 이야기
를 읽고 있으면, 어느새 그때 그 아이들이 하나둘 걸어 나와 내 어깨에 팔
을 척 걸치고 선다든지, 무릎에 척 걸터앉아 똘망똘망한 눈으로 올려다보는
듯합니다. 그래서 글을 읽다 보면 나도 모르게 해죽해죽 실실거립니다.

학교에서 크고 작은 일로 속을 부글부글 끓이다가도 교실에만 들어서면
어느새 싹 잊어버릴 수 있게 해 주던 내 동무들. 그리고 보니 어린 그 동무
들이 꿋꿋이 살아갈 수 있게 힘을 주고, 즐겁게 웃게 해 준 내 버팀목이었
습니다. 해결하기 힘든 바깥 일로 마음이 괴롭고 답답하다가도 그 앞에 서
면 온갖 짐을 내려놓은 듯 마음이 고요해졌으니까요. 이 어린 동무들 덕에
오랜 세월 참 행복했습니다.

이제 이 글을 고만 만지작거리고, 귀한 내 동무들과 이 동무들을 아낄 수
있도록 내게 힘을 주던 많은 분들 앞에 슬쩍 내밀어 봅니다. 그래서 함께
힘도 얻고, 함께 즐겁게 웃고 싶습니다.

머리말 어린 동무들 덕에 오랜 세월 참 행복했습니다

학교 참 좋다, 친구 참 좋다, 선생님 참 좋다

진짜 재미있제? 날마다 하고 싶다

내한테 글자 물어 봐라, 내가 딱 말해 주께!

선생님, 일기 날마다 내니까 좋아요?

이래 하니까 잘 맞힌다, 그자?

우리 형님아가 내한테 잘해 줄 때도 많다

선쌔미, 내가 진짜로 고마워요?

일러두기

· 박선미 선생님이 2005년부터 2007년까지 해마다 1학년 아이들과 생활하며 썼던 교단일
 기를 모은 책입니다. 글은 가르친 해와 가르친 반을 구분하지 않고, 1학기와 2학기로 나
 누어 시간 순서대로 배열했습니다.
· 이 책에 나오는 아이들 글은 박선미 선생님이 가르친 아이들 글입니다.
· 아이들 글은 띄어쓰기만 고치고 입말은 그대로 살렸습니다.
· 아이들 인격을 보호하기 위해서 이름을 바꾼 곳도 있습니다.

1학기

학교 참 좋다, 친구 참 좋다, 선생님 참 좋다

처음 교실에 들어와서 그런지 제법 점잖을 떨고 있다.
이 녀석들 언제까지 이렇게 점잖게 앉아 있을지,
잔뜩 긴장한 모습이 귀엽다.
여기저기 왔다갔다 할 때마다 스물여섯 아이들 눈이
따라다닌다. '아아들아 언제까지나 이렇게 내한테
눈길을 퍼부어 주면 얼마나 좋겠노.'

일학년, 그 첫 만남

올해 1학년은 한 반에 스물여섯 명이다. 옛날에는 꿈에만 그려 보던 환상의 숫자다. 1학년 담임이 된 사람은 여자 넷. 아이들을 가르친 지 사십 년이 되어 가는 원로 교사 한 분과 올해 쉰넷이 되는 학년 부장, 인정하고 싶지 않지만 마흔여섯 살 '아줌마 선생', 나! 그리고 나보다 한 살 적은 '아줌마 선생' 하나 더. 이렇게 '할매' 하고 '아줌마' 들로만 짜여졌다. 우리 글쓰기회 옥진이나 정회 같이 반짝반짝 빛나는 후배가 한 사람쯤 있으면 좋으련만, 그것도 뜻대로 되는 일은 아니다. 원로 교사 박 선생님은 이 학교에 와서 내리 4년째 1학년을 맡았고, 한 살 적은 후배는 지난해에 1학년을 맡았다. 두 사람이 지난해에 이어 또 1학년을 하니 올해 우리 1학년 일은 좀 수월하겠다. 아무래도 하던 일을 그대로 이어서 하니까.

동사무소에서 내준 취학통지서와 홍역예방접종 확인서, 신입생 생활기록부 작성 기초조사서를 들고 반부터 짠다.

"저기 럭키무지개 아파트 아이들부터 빼서 골고루 나눕시다."

4년째 1학년을 맡아 온 2반 선생님 말씀이다. 참 어려운 동네지만 그나마 이 동네가 안정된 집이 많은 편이니까 고루 나누자는 말이다.

"그거 빼냈으면 결손가정이나 쌍둥이, 생활보호대상자도 따로 나누고 나머지는 모두 생일 차례로 놓지 뭐."

학부모가 적어 낸 기초자료를 보니 '특기 사항'을 친절히 적어 낸 사람이 별로 없다. 그냥 어머니, 아버지 이름하고 주소만 적어 낸 사람이 더 많다. 자료를 들고 하나씩 넘겨 보던 김 선생이 한마디 한다.

"아아, 올해는 제발 선희 같은 아이가 없었으면 ……."

과잉행동장애였던 선희는 온 학교 선생님들이 다 아는 아이다.

"진짜로 한 해가 힘들었는데 ……."

일을 겁내지 않는 김 선생이 저런 말을 하는 걸 보면, 힘이 들긴 들었던 모양이다.

부모가 이혼했거나 돌아가신 한부모 가정과 조부모 가정을 뽑아내니, 입학생 백네 명 가운데 스물이 넘어 서른 가까이 된다. 여기 이 동네가 어려운 동네이긴 하지만, 그래도 좀 많은 편이다.

"주민등록번호에 뒤 번호가 3, 4로 되어있는 아이는 어떻게 된 거지? 이거 잘못된 거 아이가?"

"그라고 보니 앞에도 000으로 적혀 있고. 이거는 동사무소에 알아봐야겠다."

동사무소에 전화를 하니 000은 2000년에 난 아이들이고, 뒤 번호 3, 4는 1, 2로 시작하는 번호가 넘쳐서 그런 것이란다.

"야아, 세월 겁난다. 벌써로 2000년에 태어난 아이들이 입학한다는 말이가?"

그라고 보니 정말 세월이 무섭다. 새 천년 우짜고 하면서 온 나라가 들썩이던 때가 그리 오래되지 않은 것 같은데.

"어어, 그런데 김대경, 이 아이는 정신지체장애 2급이라는대? 복지카드도 있다고 하네."

"그런 아는 특수학교에 가는 기 더 나을 낀데."

"선희 후배 하나 더 나왔네."

"선희보다 더 심할 것 같은데. 선희는 장애 등급은 안 나왔어요."

"정신지체장애 2급이면 어느 정도 되는공? 억수로 심한 거 아이가?"

"함 보자. 그라고 야아는 97년에 났네. 그러면 3년이나 입학을 미뤘다는 말인데, 좀 심하기는 심한갑다야."

다들 한마디씩 거들지만 낯빛은 벌써부터 그늘이 지는 듯하다. 여기저기 온 데 설치고 다니는 아이가 하나만 있어도 교실이 시끄럽게 되는 걸 보아 온 선생님들이다. 이 아이가 어느 반이 될까 걱정이 될 수밖에. 그런데 이 아이, 대경이가 갈 만한 반이 없다. 이런 아이를 원로 교사가 맡은 반에 넣겠나, 무슨무슨 회의다 무슨 급한 보고다 해서 교실을 자주 비우는 학년 부장 반에 넣겠나? 지난해에 선희같이 힘든 아이 맡아서 올해는 그런 아이 없었으면 좋겠다고 미리부터 걱정하던 김 선생하고, 나밖에 없다. 입을 꾹 다물고 있는 김 선생을 한 번 보다가 나는 이래저래 깊이 생각도 못 하고 불쑥 내뱉고 말았다.

"쌤, 대경이는 고마 우리 반 하입시더. 이 아하고 궁합이 맞는지 갑자기 막 땡기네."

"그래 주면 우리야 고맙지."

아무도 사양 한번 안 하고 반긴다.

'그래, 그거면 됐지 뭐. 다 좋으면 나도 됐다.'
그렇게 해서 대경이는 우리 반이 되었다.

김대경
정신지체장애 2급. 남학생. 97년생인데 3년 동안 입학을 미루다 올
해 입학.

아는 것은 이것밖에 없다. 그래서 기대되기도 하고 살짝 겁나기도
한다. 올 한 해, 우리 교실은 어떤 모습일까? 사실은 조금 두렵다.
나는 올해 잘할 수 있을까? 특수교육이라고는 아무것도 모르면서,
괜히 맡겠다고 나선 건 아닐까? 다른 선생님들한테 짐을 안 지우겠
다는 생각만 했지, 대경이하고 우예 살지 깊이 생각도 못 했으면서.

입학하고 둘째 날. 입학식 하고 처음 교실에 들어와서 그런지 모
두들 제법 점잔을 떨고 있다. 이 녀석들 언제까지 이렇게 점잖게 앉
아 있을지, 잔뜩 긴장한 모습이 귀엽다. 여기저기 왔다갔다 할 때마
다 스물여섯 아이들 눈이 따라다닌다.
'야아들아, 언제까지나 이렇게 내한테 눈길을 퍼부어 주면 얼마
나 좋겠노.'
속으로 그렇게 생각하면서도 내 행동이 자연스럽지 못하다. 쏟아
지는 눈길들이 어찌나 뜨거운지. 입학을 앞두고, '공부 잘해라',
'열심히 해라', '선생님 말씀 잘 들어라' 그런 말들을 귀에 못이 박
히도록 들었겠지.
먼저 앉는 자리부터 정한다. 키대로 줄을 세워 짝을 맞춰 보니 여

자아이들이 더 크다. 대경이 짝부터 살핀다. 송가은, 다른 아이들보다 키도 크고 야무지게 보인다. 우선 안심을 하고. 자리에 앉아 짝지 이름 한번 불러 보게 하고, 노래 하나 부른다.

"안아 주고 안아 주고……."

서넛은 키득거리면서 노래도 제대로 하지 않고 안아 주지도 않는다. 꼭 요런 녀석들이 있거든.

"아유, 성민이랑 정민이는 정말 재미있게 잘하네. 두 사람이 노래하고 안아 주는 모습이 진짜 예쁘다. 사랑해!"

이 한마디에 아이들이 달라진다. 앞뒤에 앉은 동무하고 다시 노래를 하는데 이번에는 안 하는 녀석이 없다. 자기 자리가 몇 번째인지, 어느 줄인지 알아보는 데 첫 시간이 훌쩍 지났다.

"공부 안 해요?"

"무슨 공부해요?"

"오늘은 공부 안 하고 놀 건데요."

"왜요?"

"동무들하고 열심히 노는 공부를 할 건데요."

"에이, 노는 게 무슨 공부예요?"

"동무들하고 재미있게 노는 거, 그거 억수로 중요한 공분데."

"그러면 글자는 안 배워요? 나는 글자 쓰고 싶은데."

"글자 공부도 하긴 하지요."

《우리들은 1학년》 책도 꺼내 놓고, 작은 스케치북도 꺼내 놓고, 색연필도 사인펜도 모두 모두 사 왔는데 노는 공부만 한다니까 참 답답할 노릇이지. 말이 노는 공부지, 공부하는 첫날이니 아주 자잘한 것들부터 시작한다. 해야 할 게 한둘이 아니다.

이럴 땐 수업계획안이 뭔 필요가 있나. 먼저 화장실부터 간다. 한 줄로 서서 다른 교실에 방해되지 않게 조용조용 화장실로 간다. 발소리를 크게 내지 말라고 했더니 발을 들었다가 내디딜 때마다 한참 걸린다. 허리를 바르게 펴지도 못하고 거의 90도로 수그리고 살금살금, 입까지 야무지게 다물고. 아, 그런데 화장실이란 말이 입에 붙었는데, 우리 학교는 '몸 단장실'이라 되어 있다.

"여기는 남자 칸일까? 여자 칸일까?"

"남자요."

"어떻게 알았지?"

"남자 그림 있잖아요."

"안으로 들어가 볼까?"

오줌 누고 물 내리는 것, 화장지 떼어서 닦고 버리는 것, 손 씻는 것, 수도꼭지 잠그는 것, 사람들이 많을 때는 조용히 차례를 기다리는 것. 하나씩 짚어 보는데 어린이집도 다니고 유치원도 다닌 아이들이라 이런 것들은 앵무새처럼 줄줄 왼다. 입만 아니라 몸까지 그렇게 따라가면 좋으련만.

자, 이번에는 쉬는 시간을 알리는 종소리를 들어 봐야 한다.

"쉿, 조용히, 조금 있으면 무슨 소리가 들릴 거예요. 무슨소리인지 들어 보세요."

공부 시간 마치기 한참 전부터 조용히 하고 기다린다.

"지금 소리 들리지요? 저거 무슨 소리지?"

"음악 소리요."

"예, 저 소리 들리면 쉬는 시간이 된 거예요. 놀다가 다른 음악 소리가 한 번 더 들리면 교실로 들어오세요."

신발장 앞에서,

"바깥 신발을 꺼내고 실내화는 신발장에 넣고 ……."

말이 끝나기 전에 바로 신발부터 갈아 신는다.

"아니 아니, 여기서 신지 말고 밑에 내려가서 나들간에서 갈아 신어야지."

쉬는 시간에 밖에 나갔다가 공부 시간 되어서 들어오는 데도 몇 번이나 입을 뗀다. 그냥 눈치로 배우게 할까도 싶지만 그래도 처음 시작하는 이때 여러 사람이 모이는 곳에서 지켜야 할 것은 알려 줘야지.

기다리고 기다리던 공부 시간이 되었다.

"이 책 제목 혹시 알아요?"

"우리들은 일학년."

"어떻게 알았지?"

"여기 적혀 있어요."

"그래? 한번 읽어 볼까?"

손가락으로 짚어 가면서 한 글자씩 읽는다. 재빨리 입모양을 살펴보는데 입만 우물거리는 아이도 네댓 된다.

"왜 제목이 《우리들은 1학년》일까?"

"몰라요."

"우리가 일학년이라고요."

"그럼 이 아이들은 몇 학년일까?"

"일학년 같아요."

"이 그림에 있는 다리는 본 적 있어요?"

"몰라요."

"이 꽃 이름 알아요?"

"장미꽃요."

"여기 탑 같은 건 무슨 탑인지 알아요?"

"으으음, 탑요!"

"여기는 무엇일까?"

"바다요."

"와아, 책 표지만 봐도 이야기할 게 아주 많다, 그지? 앞으로 삼월 한 달 동안은 이 책이 우리들 동무예요. 우리가 공부할 걸 잘 알려 줄 거예요. 그러니까 날마다 가방에 넣어 다니세요."

"태극기도 있고요, 애국가도 있어요."

상현이가 먼저 표지를 들춰 보고 책을 넘겨 보다가 한마디 하자 아이들이 모두 책을 펴서 여기저기 들춰 보고 난리가 났다. 다음 공부는 이미 물 건너갔다. 그래, 책하고 친해지는 것도 공부 시작이지 뭐.

여기까지 하자 3교시 공부 시간이 끝났다. 틈틈이 대경이 돌보느라 자리에 한 번 앉지도 못하고, 조용히 화장실 한 번 못 가고, 8시 20분에 교실에 들어왔다가 아이들 저 아래 큰길까지 데려다 주고 다시 교실에 들어오니 12시가 넘었다. 꼬박 네 시간을 입 한 번 안 다물고 이야기하고 노래하고 춤추고 운동장이야 화장실이야 아이들 데리고 돌아다녔더니 이제 입이 바짝바짝 마른다. 점심 먹을 기운도 없다.

학교 한 바퀴

"언니야들하고 우리 학교 돌아보니 어때요? 좋은 곳이 많았어
요?"

"예에."

쭈뼛거리며 교실을 나설 때하고 달리 아이들은 아주 힘차게 소리
모아 대답한다.

"선생님, 일학년도 컴퓨터실에 갈 수 있지요?"

"응, 갈 수 있지."

"급식실에 가 보고 왔어요."

"선생님, 교무실은 엄청 커요."

"수희 언니야하고 꿈동산에 갔는데요, 근데 꿈동산에는 큰 나무
가 하나 있어요."

"은진이는 벌써 언니야 이름까지 알았네."

"언니야가 다음에도 내 짝 한다고 했어요."

입학식 날 이름표를 달아 주고 한 번씩 안아 줄 때 아무 거리낌 없
이 내 가슴에 포옥 안겨들던 은진이. 다음 날에는 교실에 오자마자,

"오늘은 안 안아 줘요?"

하고 마음을 열어 주더니 6학년 언니하고도 금세 친해졌구나.

"나는 철봉 말고 저거요, 저게 제일 좋아요."

정수가 가리키는 손가락 끝을 보니 정글짐이다.

"저거? 정글짐? 한번 올라가 봤나?"

"나는 마이 못 올라가고요, 형님아는 끝까지 잘 올라갔어요. 그런데요, 저기는 올라가서 뛰면 안 돼요. 살살 조심해야 안 다쳐요"

6학년 저희들끼리 놀 때는 위험한 장난을 잘도 치더니 동생들한테는 조심하라고 말한 모양이다.

"나는요 하니 문방구에 갔어요. 하니 문방구는 학교에서 제일 가까워요."

오늘 하루 짝이 된 6학년 언니들하고 두 시간 동안 학교를 돌아보고 오더니 다들 할 말이 많다. 학교를 한 바퀴 돌아보았으니 학교에서 본 것으로 재미있게 한판 놀아야지. 먼저 앞에 앉은 한빈이부터 시작한다.

"학교에 오면 과학실도 있고."

"학교에 오면 과학실도 있고, 교장 선생님도 있고."

"학교에 오면 과학실도 있고, 교장 선생님도 있고, 정글짐도 있고."

"학교에 오면 과학실도 있고, 교장 선생님도 있고, 정글짐도 있고, 침대도 있고."

"에이, 틀렸다. 학교에 침대가 어딨노?"

"보건실에 있어요. 보건실에 침대 있어요."

두어 시간 돌아보더니 제법 학교 구석구석을 돌아본 모양이다. 한반이 두 줄로 주욱 서서 선생님들 따라다닐 때보다 훨씬 잘 보고 온 것 같다.

"그럼, 오늘 가 본 곳 가운데 우리 다 같이 가 보고 싶은 곳은 없
어요?"

"행정실은 뭐 하는 곳이에요?"

재민이다. 재민이는 첫날, 강당에서 입학식을 마치고 교실로 오
면서 눈에 보이는 글자란 글자는 다 읽었다. 그날도 "아이구, 우
리 재민이는 여기 적힌 것들 다 읽을 줄 아네!" 하고 나서야 조용
해졌다.

"그럼 인제, 언니야들이랑 못 가 본 곳으로 우리 다 같이 가 볼
까?"

입학한 지 일주일밖에 안 된 아이들은 복도를 다닐 때도 줄을 참
잘 선다. 왼쪽으로 사뿐사뿐 시끄럽지도 않다. 이런 모습이 언제까
지 갈까. 이층 층층대를 올라가는데 마침 교장 선생님이 교장실에서
나오신다.

"어이구, 우리 일학년들 학교 구경 다녀요?"

"애들이 교장 선생님 방이 궁금하답니다."

"그러면 들어와 봐야지. 자아, 들어오세요."

올해 첫 손주가 입학한다고 좋아하시더니 1학년 아이들을 보는 눈
길도 말투도 확실히 달라졌다. 교장 선생님 방이라는 말에 아이들은
눈을 반짝거리면서 들어선다.

"자아, 여기 앉아 보세요."

길다란 의자를 가리키자마자 아이들은 우르르 올라앉는다. 좀 비
좁긴 하지만 스물여덟 아이들이 모두 엉덩이를 밀어 넣고 앉았다.
유난히 키가 작은 한빈이는 심각한 얼굴로 한참 엉덩이를 요리조리

비비더니 겨우 등받이에 등이 닿았다. 그제야 얼굴을 활짝 편다. 이제 교장실 여기저기를 살피느라 바쁘다.

"억수로 폭신하제?"

"야아, 교장실에는 가습기도 있다, 그지?"

"꽃도 억수로 많제?"

의자에 앉아 짧은 다리를 달랑달랑 흔들면서 저희들끼리 소곤거린다.

"교장 선생님은 날마다 혼자 있어요? 안 심심하세요?"

"심심할 때도 좀 있어요. 그런데 바쁜 날이 더 많아요. 어어, 이 친구는 어제 왔던 친굴세. 이름이 뭐라 캤지?"

영준이를 보더니 반가워하신다.

"바지 멜빵 고리가 고장났다고 내한테 고쳐 달라고 왔는데, 갑자기 뭘 고칠 수가 있어야지. 급한 대로 찍개로 꽉 찍어 줬지 뭐."

입학하던 날, 첫날부터 눈물바람으로 와서 걱정을 많이 했던 아이다. 영준이는 까만색 줄무늬 양복을 입고, 무스를 발랐는지 윤기가 자르르한 머리를 위로 한껏 치켜세워 멋을 내고 왔다. 그런데 입학식을 다 마칠 때까지 엄마를 돌아보며 징징거려서 속으로 걱정을 많이 했다. 학교에 쉽게 적응을 못 하는 건 아닌가 하고.

둘째 날, 아이들이 오는 대로 안아 주고 말 한마디씩 건네고 자리에 앉혀 주는데 영준이는 그냥 제자리로 가서 큰 소리가 나도록 털썩 앉아 버렸다.

"영준이 왜? 화났어? 속상한 일 있어?"

말을 붙여도 대꾸도 않고 집에 갈 때까지 잔뜩 부은 얼굴을 펴지 않았다.

셋째 날도 영준이는 다른 아이들처럼 조잘거리지도 않고 재미있어 하지도 않았다. 자꾸 창밖만 내다보다가 가방만 한 번씩 툭툭 찼다.

넷째 날 아침, 영준이하고 이야기하는 날로 정했다. 먼저 온 은진이가 무릎에 척 올라앉아 이야기를 하고 있는데 영준이가 들어왔다.

"영준이 왔네. 자아, 인제 은진이는 자리로 가고 영준이하고 인사 합시다."

두 팔을 활짝 벌리고 가까이 갔지만 영준이는 한 번 힐끗 보더니 그냥 제자리로 가서 털썩 앉는다.

"학교 오는 게 싫어?"

"엄마한테 꾸중 들었어?"

뭐라고 한마디라도 건네 보려는데, 눈길도 주지 않고 자꾸 머리만 만진다. 그러고 보니 손바닥으로 머리를 자꾸 눌러 대서 무스를 바른 머리카락이 납작하게 달라붙어 다시마 한 조각을 붙여 놓은 것 같았다.

"왜? 머리가 마음에 안 들어?"

그때까지 아무 대꾸도 않고 잔뜩 찡그려 있더니 머리 얘기가 나오자 그제야 고개를 끄덕거리는데, 금방이라도 울어 버릴 것 같은 얼굴이다.

"엄마가 이렇게 해 주셨어? 영준이는 이 머리 싫어?"

엄마는 입학하는 아들이 예쁘고 대견해서 어떻게든 멋지게 만들어 주고 싶었겠지. 그런데 영준이는 무스 바르고 양복 입고 조심스럽기만 한 낯선 차림이 싫고, 제 마음을 몰라주는 엄마한테 속이 상해서 그동안 학교에서도 얼굴 한번 풀지 않았던 것이다.

"영준이가 이 머리 싫다고 말해 보지. 내 생각에도 머리 감고 그냥

잘 말리면 더 멋질 것 같아."

"말해도 안 들어줘요."

"내가 엄마한테 전화해 줄 수도 있는데. 그렇지만 영준이가 한 번 더 말해 보는 게 좋겠다. 어떻게 할까?"

"엄마한테 말해도 소용없어요."

"영준이가 막 떼쓰고 울고 그러지 말고 차근차근 말해 봐. 그러면 엄마가 잘 알아들을 텐데. 그렇게 말해도 엄마가 영준이 말 안 들어주면 내가 말해 볼게."

다음 날 영준이는 양복도 안 입고 머리에 무스도 바르지 않고 왔다. 두 팔을 벌리자 망설이지도 않고 포옥 안겨들었다.

그랬던 녀석이 운동장에서 놀다가 멜빵 고리 고장났다고 교장실로 찾아와서 고쳐 달라 했다니. 갑자기 확 커버린 것 같은 영준이를 한 번 더 돌아보았다. 이 녀석이 머리 모양 마음에 안 든다고 사흘을 징징거리던 그 영준이 맞아?

그래, 아이들이 힘이다

그림책 보고 있어라 하고 교무실에서 복사를 해 가지고 오는데 교실 앞에 우리 아이들 대여섯 명이 나와 있다. 가까이 가면서 보니 대경이는 울상을 하고 엉거주춤 서 있고 선하도 어쩔 줄 모르겠다는 얼굴이다. 홍대도 대경이 손을 잡고 어쩌지 못하고 왔다갔다 제자리를 맴돌고 있다.

"왜 나와 있어? 대경이가 왜?"

"아, 아니요. 조금만 울었어요. 근데요, ……."

"응, 근데 무슨 일 있어?"

이러면 안 되는데, 아이들 앞에서 대경이한테만 자꾸 마음 쓰는 것처럼 보이면 안 되는데. 그런데도 자꾸 대경이가 어쨌냐고 또 대경이를 먼저 걱정한다.

"그게 아니고요, 나는 응가는 못 도와주겠는데 ……."

"아아아하, 대경이 응가한대?"

'그래, 너거들이 아무리 잘 도와준대도 너거도 이제 겨우 1학년인데 어떻게 똥 누는 것까지 도와주겠노?'

화장실에 들어서자 대경이는 단추도 열지 않고 지퍼를 내리지도 않고 바지를 끌어내린다고 끙끙거린다.

"아니, 대경아, 이거 단추 먼저 열고, 또 이 지퍼 내리고. 인자 됐다. 인자 바지 내리고, 샤악! 잘 내려가지?"

"학교 참 좋다."

"응, 학교 참 좋지?"

"친구 참 좋다."

"맞제? 친구들이 참 좋지? 나도 우리 사반 동무들이 참 좋다."

"선생님 참 좋다."

"응. 나도 대경이가 참 좋다."

변기에 터억 걸터앉아 똥 눌 생각은 않고 낭랑한 목소리로 재잘거린다. 이럴 때는 하나도 지체장애를 가진 아이 같지 않다. 저기서 아이들 떠들어 대는 소리가 왁자지껄하다. 이제는 교실에 있는 아이들한테 마음이 쓰인다.

"대경이 응가 다 했다."

"대경아, 봐라. 화장지 요렇게 한 번 접고, 다시 한 번 더 접었지?"

"어, 나도 그거 할 수 있는데."

"자아, 똥꼬 한 번 닦고. 한 번 접어서 또 닦고. 다 닦았으면 요렇게 똥 닦은 거 안 보이게 접어서 휴지통에 넣고."

"어, 나도 그거 할 수 있는데."

"그래. 내일은 대경이가 한번 해 보자."

똥을 시원하게 누고 나니 기분까지 좋아졌는지 손도 잡지 않고 혼자 교실로 간다. 우리 교실을 찾아가나 하고 뒤따라가는데, 이런 내 꿈이 아직도 이른가? 우리 교실 못 가서 바로 앞에 있는 3반 교실로

쑥 들어간다.

뒤따라가서 대경이 손을 잡고 우리 교실로 들어서는데 북새통도 이런 북새통이 없다. 하긴 그림책 한 권 보는데 오 분이면 끝날 1학년 아닌가. 교무실 내려가 복사하고, 대경이 데리고 화장실까지 갔다 왔으니, 지금까지 복도로 뛰쳐나오지 않고 그나마 교실 안에서 이렇게 뛰어노는 게 다행이지. 어디 부딪쳐 넘어져 우는 아이가 없는 게 고맙다.

교실로 들어서던 대경이가 걸음을 멈칫한다. 잡고 있던 손이 잔뜩 오그라든다. 대경이는 시끄러운 소리에 겁을 잘 먹는다. 아이들이 시끄럽게 떠들고 싸우거나, 넘어져 울기만 해도 겁을 먹고 울먹거리기 일쑤이다.

"대경아, 괜찮아. 동무들끼리 재미있게 논다고 그러는 거거든."

"어이 사반, 예쁜이들. 대경이가 또 너거들 싸우는 줄 알고 겁낸다."

그러는 사이 대경이 짝지 가은이는 대경이를 자리에 앉히더니 대경이 가방을 열어 사진을 꺼내 준다. 오늘 준비물이다. 《우리들은 1학년》 책도 꺼내 주고 색연필도 꺼내서 가지런히 챙겨 주고 있다. 앞에 앉은 지훈이는 몸을 뒤로 돌려 가방을 받아서 책상 옆 고리에 걸어 준다. 저 아이들이 입학한 지 한 달도 안 된 1학년들 맞나 싶다.

처음 대경이를 우리 반 한다고 해 놓고 사실은 겁이 좀 났다. 특수교육에 대해 정말 눈곱만큼 아는 것도 없으면서, 힘들 거 뻔히 아는데 남한테 미루는 것 같은 얄팍한 양심 때문에 그냥 우리 반 하겠다고 나섰다. 그런데 시간이 갈수록 조금씩 겁이 났다.

'나는 잘할 수 있을까?'

입학하고, 며칠 지내면서 보니 대경이는 아주 작은 일까지 하나하나 날마다 되풀이해서 함께 해 줘야 했다. 책을 꺼내고, 가방을 챙기고, 신발장에 신발을 넣고, 실내화를 꺼내서 갈아 신고. 다른 아이 같으면 마음 놓아도 될 일을 날마다 함께 해 줘야 한다. 밖에서 놀다가 우리 교실을 찾아오는 것, 계단을 내려갈 때 손을 잡고 한 칸씩 아주 천천히 내려가야 하는 것뿐 아니라 노래하고 춤을 출 때도 대경이는 특별히 손을 잡고 천천히 해 줘야 한다. 노랫말을 잘 못 알아들으니 내 입을 보게 하고 아주 천천히 따라 부르게 해서 익혀야 한다.

아침에 엄마하고 떨어지지 않으려고 해서 대경이가 엄마 생각을 잊어버릴 때까지 교무실이든, 운동장이든, 학교 뒤뜰이든 여기저기 십 분이고 이십 분이고 손을 잡고 돌아다녀 줘야 하는 것도 다른 아이하고는 다르다.

대경이를 달래며 학교 여기저기를 다니노라면 온갖 생각이 일어 머리가 복잡하다.

'일학년이라도 장애가 심한 아이는 특수학급으로 보낼 수 있다는데 정말 보내야 하나?'

'이 정도면 아주 힘든 것도 아닌데 우리 반에서 다른 아이들하고 어울리면서 함께 지내는 게 옳지. 그것도 못 참고 특수학급으로 보내려고 하냐?'

'다른 스물다섯 아이들한테 소홀해지니까 그렇지. 아침 시간에 이래 교실을 비우면 다른 아이들은 우야노?'

'아이구 야야, 니가 맡겠다고 했으면 더 슬기로운 방법을 찾아야

지, 벌써 발 뺄 생각을 하나?'

'그래도 대경이는 공부 방해도 안 하고 얼마나 예쁘노? 잔손이 많이 가야 하긴 하지만.'

제 손을 잡고 다니면서 별별 생각을 다 하는데 그런 줄도 모르고 대경이는 교무실에 가면 환하게 낯꽃이 핀다.

"대경이 여기 오고 싶었는데."

초록색 부직포를 깔아 유리판을 덮어 놓은 커다란 책상을 보면, "대경이 이거 좋다." 노란 꽃이 핀 화분을 보면, "대경이 노란 꽃 좋다." 한다. 대경이는 유난히 노란색을 좋아한다.

그렇게 그렇게 한참을 데리고 다니다 엄마 생각을 잊으면 교실로 올라간다.

입학한 지 며칠쯤 되었나?

"선생님은 대경이가 제일 좋아요?"

바로 앞에 앉은 정민이다. 순간 뜨끔했다.

"으응? 아니, 대경이가 제일 좋은 게 아니고. 대경이는 아직 좀 어려서 너거들보다 더 많이 보살펴 줘야 하거든."

말이 나온 김에 1학년 어린 아이들이지만 이 아이들한테 말을 하자 싶다.

"여러분, 지금 몇 살이지요?"

"일곱 살요."

"여덟 살요."

"혼자서 똥도 잘 누고, 양치질도 잘 해요?"

"예."

"어렸을 때는 어떻게 했어요?"

"엄마가 도와줬어요."

"혼자서 하지 왜 엄마한테 해 달라고 해요?"

"어리니까요."

"그럼 우리 반에 좀 어린 동무가 있으면 어떻게 하지?"

"누군데요?"

"대경이!"

"엄마가 도와줘야 해요."

"학교에는 엄마가 없는데 누가 해 줘요?"

"선생님이요."

"선생님이 없으면? 선생님이 많이 바쁘면?"

"형님이요."

"우리 반에도 형님이나 누나 같은 동무가 많은데?"

"우리도 도와줄 수 있어요."

"근데 대경이는 왜 좀 어려요?"

"우리 반에 하은이가 키가 제일 크지요? 또 키가 제일 작은 동무
도 있지요?"

"내가 제일 작은데."

앞에 앉은 정민이가 씨익 웃으며 말한다.

"다 같은 일학년이라도 키가 빨리 크는 사람, 키가 좀 천천히 나중
에 크는 사람이 있거든. 마음도 그래요. 마음이 빨리 자라서 먼저
어른스럽게 의젓해지는 사람도 있고, 마음이 천천히 자라서 어린
마음이 좀 오래가는 사람도 있어."

"대경이가 그래요?"

"그런 것 같아. 대경이가 여러분처럼 빨리 일학년 마음까지 자라서 혼자 할 수 있을 때까지 어떻게 하지?"

"도와줄게요."

"내가 대경이를 좀 더 많이 도와줘도 되겠어요?"

"예에!"

어쩌면 저리도 시원시원한지.

그러고 나더니 우리 4반 아이들은 모두 대경이 보모라도 된 듯이 너도나도 대경이 손을 잡아 준다. 공부를 마치고 집에 가는 시간에는 늘 대경이 옆에 서넛이 붙어서 손을 잡아 준다. 누가 저 아이들을 보고 막 입학해서 손길이 많이 가는 1학년 꼬맹이라고 말하겠는가.

계단을 내려올 때마다 발발 떠는 대경이지만 그렇게 옆에서 손을 잡아 주는 동무들이 있어 대경이도, 나도 힘이 난다. 특수아를 맡아 어떻게 하냐고 미리 겁부터 집어먹은 나에게 우리 이 아이들이 얼마나 힘이 되는지.

칭찬만 받던 아이가 더 상처받기 쉬워요

첫 시간이 끝나고 아이들을 데리고 화장실에 갔다 오는데 교실 앞에 교감 선생님이 서 있다.

"애들아, 교감 선생님 오셨네. 우리 학교 교감 선생님! 입학식 때 봤는데 알겠어?"

"안녕하세요."

아이들이 달라붙다시피 반갑게 인사를 한다. 교감 선생님도 마주 인사를 하긴 하지만 눈길은 내 얼굴에 와 박힌다. 뭔가 할 말이 있는 거지.

"아까 내 봤지요? 아까 인사했잖아요."

"교감 선생님, 우리 선생님 만나러 왔어요?"

"교감 선생님, 아까 쌀집 앞에 있었지요? 아까 봤는데."

"나도 전에 전에 교감 선생님 만났다."

아이들이 달라붙어 한마디씩 하는 통에 도저히 말을 꺼낼 수가 없다.

"자아, 이제 공부할 시간 다 됐네. 교실에 들어가서 앉으세요."

등을 떠밀다시피 해도 곱게 들어갈 기세는 아니다.

"아이들 보내 놓고 내려가겠습니다."

교실로 들어왔지만 남은 시간 내내 마음에 걸린다. 무슨 일로 쉬는 시간에 올라오셨을까? 급한 일인가?

건널목까지 아이들을 바래다주고 오자마자 바로 교무실부터 들렀다. 교감 선생님은 손짓 눈짓으로 밖으로 불러낸다.

'무언가 다른 사람들 없는 데서 이야기해야 할 일인가?'

'심각한 이야기인가?'

뒤따라 나서면서도 마음이 복잡하다. 그런데 학교란 곳이 남들 없이 조용히 이야기할 만한 데도 참 없다. 몇 군데 기웃거리다 할 수 없이 운동장 가에 있는 층층대에 앉았다.

"일학년 아아들 힘들지요?"

"아직 얼라들 아입니꺼. 그래도 올해 아이들은 결이 참 고운 것 같은데예."

"그래도 이것저것 챙겨 줄 기 안 많나. 잔손도 많이 가고……."

무언가 할 말이 있어 밖으로 불러내 놓고 말을 쉽게 꺼내지 못한다 싶으니 더욱 궁금해진다. 내가 먼저 나설 수밖에.

"교감 선생님, 무슨 전화 받았지예? 아무래도 교감 선생님 딱 보이까 전화 한 통 받으신 것 같은데예."

"그래, 귀신이 따로 없네. 좋은 전화 받았다."

"처음부터 바로 말씀하시지. 뭐 그래 어렵습니꺼?"

"박 선생이 우예 생각할지 몰라서."

"그런데 전화 내용이 좀 심각한 모양입니다. 쉽게 말 못 하시는 거 보면. 제가 아이를 억수로 팬다 캅니꺼? 담임 바꿔 달라 합니꺼?"

"이런 전화 받고 나면 제일 마음이 쓰인다. 학부모 말만 다 믿는 건 아닌데, 들은 이야기 선생님들한테 바로 전하면 선생님들은 선생님들대로 학부모 말만 듣고 뭐라 한다고 섭섭해 하고."

"그래도 전해 줄 건 전해 주셔야지요. 뭔 말을 할 때는 그게 오해 건 아니건 무슨 까닭이 안 있겠습니꺼? 이야기를 하고 서로 풀 건 풀어야 안 되겠습니꺼?"

"아아가, 절대로 학교에 안 갈라고 떼를 쓴다 카네. 학교에 가면 선생님이 공부도 하나도 안 하고 맨날 놀기만 하고, 재미도 하나도 없고. 학교 안 갈라 캐서 며칠째 아침마다 전쟁을 한다고."

'공부를 안 한다고?' 이건 아이들이나 학부모나 그리 말할 수도 있겠다. 아직 교과서 공부를 하는 게 아니고, 3월 한 달은 《우리들은 1학년》이라는 책으로 학교생활을 익히면서 동무들과 사귀는 활동을 주로 하니 공부를 안 한다고 오해할 수도 있지. 그런데 재미가 없어서 학교 못 가겠다는 말이 걸린다.

"학교가 재미가 있어야 되는데. 그거는 제가 실패한 모양입니더. 아이들을 너무 긴장하게 만들었나? 반성 좀 해야 되겠는데예."

"처음에 한 며칠은 학교 가니까 억수로 좋다 캤다 카네. 아아가 적응도 잘하고, 유치원 다닐 때는 아주 의욕적이고 자신감 있고 늘 밝고 적극적이었다 카네. 그런 아아가 학교에서 공부도 안 하고 재미없어서 학교 안 간다 한다고 아버지가 아주 심각하게 말하더라고. 교장, 교감 선생님은 그 담임이 교실에서 어떻게 하는지 알고 있느냐, 아이들을 너무 심하게 편애하는 거 아니냐, 아니면 아이들 마음을 잘 모르는 선생 아니냐, 그런 사람을 일학년 담임 시킬 수 있느냐, 잘 알아보고 지도를 잘해라, 며칠만 더 지켜보겠다 그러데."

거기까지 들으니, '진짜로 세게 말했네. 교감 선생님이 고민 좀 하셨겠군.' 싶다. 그렇지만 어떻게 그런 생각을 하게 되었는지, 아이가 왜 학교에 오기 싫다고 떼를 쓰는지는 헤아려 보아야 한다. 누구인지를 알아서 학교생활을 돌아보고 나는 어떻게 대했는지, 처음에 학교가 재미있다던 아이가 왜 그렇게 바뀌었는지 이야기를 나누어 봐야 한다.

그러나 교감 선생님은 혹시나 아이한테 또 상처 줄까 봐 그러는지 누구라는 말을 안 하신다. 겨우겨우 설득해서 아이 이름을 알았다.

김경민. 입학식 날부터 눈에 띄던 아이다. 우리 반에서 키가 제일 크고 옷도 예쁘게 입고, 멋진 모자까지 쓰고 와서 눈에 확 들어오기도 했지만, 강당에 모여 입학식을 할 때 애국가도 아주 잘 따라 부르고 옆을 돌아보거나 엄마를 찾지도 않고 아주 의젓하게 잘 마쳤다. 엄마 손을 놓지 않으려고 칭얼거리거나, 채 오 분을 가만히 서 있지 못하는 다른 아이들을 보다가 이 아이 경민이를 보면 왠지 든든했다.

강당에서 입학식을 마치고 교실로 왔을 때도 제 이름이 붙어 있는 자리를 혼자 찾아가서 앉고, 대답도 큰 소리로 또렷하게 하고, 끝날 때까지 내 눈을 맞추면서 열심히 들었다.

입학식 다음 날부터 교실에서 하는 여러 가지 활동에서도 경민이는 다른 아이들하고 사뭇 달랐다. 생일이 빨라서 다른 아이들보다 이해가 빠르기도 하고 언니가 있어서 보고 들은 것이 많은 탓도 있겠지. 동무들 앞에서 자기 소개 할 때나 식구들을 말하는 것도 남달리 또렷하게, 겁먹지 않고 잘 말했다. 여러 사람 앞에 나와 서 있는 것만해도 겁내고 꺼리는 아이들이 많은데, 경민이는 아주 자신만만했다. 다른 아이들이 뭘 어떻게 해야 할지 몰라 겁을 먹은 것 같을 때 경민이에게 먼저 하라고 하면 경민이는 늘 자신 있게 해 냈다. 처음에는 그런 경민이가 기특하고 고마웠다. 앞에 나오기를 망설이던 아이들도 경민이 하는 걸 보고 나면 쉽게 따라 했다. 뭘 어떻게 해야 할지 모르던 아이들도 경민이 하는 것을 눈여겨보고 겨우 흉내라도 내면서 조금씩 나아졌다.

오늘 새로 친해진 동무 이름 말하기, 오늘 학교에 올 때 본 것 말하기, 오늘 학교에서 본 것 말하기, 집에서 먹은 반찬 말해 보기, 아침에 누구랑 밥 먹었는지 말해 보기, 학교에 올 때 누구랑 왔는지, 교실에 들어왔을 때 누구랑 먼저 말을 했는지, 내 짝은 오늘 무슨 색깔 옷을 입었는지, 동생이 있는지 없는지, ……. 시시하든 중요하든 따지지 않고 무엇이든 하루 한 번씩 말을 하기로 했을 때도 경민이가 먼저 말해 주면 다른 아이들도 물꼬가 트인 것처럼 입을 열었다.

그런데 한 일주일쯤 지나면서 경민이한테 걱정스러운 모습이 보이기 시작했다. 경민이는 자기 차례에 똑 부러지게 말해 놓고는 그 다음부터 다른 아이들이 무슨 말을 하거나 어떻게 하거나 관심을 두지 않았다. 일어서서 야무지게 한번 대답하고 나면 다른 아이들 말은 아예 듣지도 않고 필통을 꺼내서 연필을 만지거나 지우개에 그림을 그리거나 물통을 꺼내 물을 마시거나, 늘 혼자 다른 일을 했다. 자기가 잘하는 만큼 다른 아이들은 해내지 못하니까 시시한 걸까.

경민이가 맨 먼저 발표하는 일을 차츰차츰 줄였다. 또 모든 아이들이 다 할 수 없을 때는 경민이를 빼고 좀 부족한 다른 아이들만 시키고 넘어갔다. 늘 자기만 맨 먼저 발표하는 것보다 다른 동무들 말을 듣고 자기 이야기를 하게 되면 좀 더 긴장해서 듣겠지 싶었다. 다른 사람이 하는 말을 듣고 자기 생각을 말하는 것도 놓쳐서는 안 될 일이기도 하거니와 또 언제나 자기만 맨 먼저 발표해야 한다는 생각이 굳어지게 해서는 안 되겠다 싶었다.

그런데 그러면서부터 경민이가 조금씩 더 걱정스러운 모습을 보이긴 했다. 다른 아이가 먼저 말을 하게 되면 들었던 손을 큰 소리가 나게 책상 위에 탁 내려놓거나, "아이" 하면서 불만 가득한 얼굴을 했다. 그런 태도가 조금 마음에 걸리긴 했지만 그래도 누구든 자기보다 먼저 이야기할 수도 있고, 다른 사람 말도 들을 만하다는 걸 차츰 깨닫겠지 하고 넘어갔다.

그런데 그것이 경민이한테 상처가 된 모양이다. 늘 자기가 먼저 하고, 또 잘한다고 칭찬을 받았는데 언제부턴가 자기를 몰라주고 무시하는 것처럼 느꼈을 테니 재미도 없고 선생님도 싫어서 학교에 오기가 싫었겠지.

가끔 불쑥불쑥,

"선생님, 공부는 안 해요?"

"받아쓰기는 안 해요?"

"글은 안 써요?"

"더하기, 빼기는 안 해요?"

"학교에 오면 공부를 해야 되는데, 공부는 왜 안 해요?"

하고 물을 때도,

"우리 날마다 공부하고 있잖아요. 화장실 바르게 쓰기, 운동장에서 놀 때 안 다치려면 어떻게 할까, 동무들하고 재미있게 지내려면 어떻게 할까, 그런 공부."

하고만 넘어갔다. 그것도 다 불만스러운 제 마음을 털어놓은 것인데, 내가 제대로 헤아려 주지 못했던 것이다.

교실에 올라와서 '선생님께 들려주는 우리 아이 이야기'를 꺼내 들었다. 경민이 어머니가 쓴 곳을 찾아 읽는다.

경민이는 유치원 때부터 항상 칭찬만 받아 왔습니다. 무엇이든 앞서고 똑똑해서 부모 걱정시키는 일은 없는 아이입니다. 남에게 뒤지는 것을 싫어하고 공부 욕심도 많아서 시키기 전에 열심히 합니다. 5세반에서 한글을 다 떼어서 동화책도 마음대로 읽고 받아쓰기도 잘합니다. 수학 학습지도 미루지 않고 스스로 잘하기 때문에 학교에 가서도 사랑받고 잘할 거라 믿습니다. 경민이 걱정은 하지 않습니다. 예쁘게 봐 주세요.

경민이가 마음을 다쳐 학교에 오기 싫다고 하는 까닭을 조금은 알겠다. 이런 아이이니 칭찬도 덜 해 주고, 다른 아이들보다 특별히 인정해 주지도 않는 것 같은 선생한테 속이 상했겠지. 게다가 어서 받아쓰기도 하고 더하기 빼기도 해서 칭찬을 받고 싶은데 그런 공부는 할 생각도 않으니 점점 학교가 싫어질 수밖에.

경민이 마음을 조금 알겠다 싶으니 마음도 가벼워진다. 까닭을 알면 길이 쉽게 보일 테니. 한두 번 이야기로, 하루 이틀의 노력으로 좋아질 수는 없겠지만 길이 보이는 것 같아 마음이 편안하다. 이런 상처를 빨리 드러내 준 것이 고맙기까지 하다. 두고두고 안으로만 곪았으면 영문도 모른 채 어른들끼리 골만 깊어갈 뻔했다.

입학한 지 한 달, 축하잔치를 해요

입학하고 한 달이 되었다. 《우리들은 1학년》 책을 끝까지 다 배웠다. 아니 배웠다기보다 한 달 동안 이 책을 가지고 함께 잘 살았다. 동무들과 어울려 놀기도 하고 노래도 배우고 춤도 추면서 재미있게 잘 살았다. 돌아보면 이 한 달은 아이들만 많이 자라는 게 아니라 선생인 나도 참 많이 자란다. 1학년 아이들을 만날 때마다 드는 생각이다. 교과목 공부를 하기 전에 3월 한 달 동안 하게 되는 《우리들은 1학년》 과정은 아이들한테만 필요한 것이 아니라 나한테도 꼭 필요한 과정이었다.

초등학교에서 아이들과 함께 산 지 이십 년도 넘고, 그 가운데 1학년 아이들하고 살았던 것도 올해로 다섯 번째다. 그런데도 1학년 아이들을 데리고 벌인 일 가운데 그냥 웃어넘기지 못할 일이 한두 가지가 아니다. 높은 학년을 하다가 서너 해 만에 다시 1학년 아이들을 만나면 '1학년'이란 걸 깡그리 잊어버리기 일쑤이다. 높은 학년 아이들이 '당연히 알고 있는 것'처럼 1학년도 그러려니 무심코 말하다가 스스로 깜짝 놀라기도 하고, 무안해 하기도 하고, 마음자리가 미처 가닿지 못해 죄스러울 때도 많다.

다행히 올해 이 아이들은 늘 입에 붙은 대로 쓰는 내 말에 딴죽을 잘 걸어 준다. 내게 생각지도 못한 일로 정신이 번쩍 들게 하기도 하고, 참 재미있게 날 깨우쳐 주기도 한다.

산비탈을 깎아 지은 우리 학교는 운동장에서부터 이층 우리 교실까지 층층대가 무척 많다. 몇 발짝을 가더라도 걸어가지 못하고 내달리는 1학년 아이들한테는 위험하기 그지없다. 불안하고 믿기지 않는 마음에, 입학하고 사흘 동안은 쉬는 시간마다 함께 나갔다가 시작종이 울리면 함께 들어왔다.

입학하고 나흘째 되던 날,

"오늘부터는 여러분끼리 나가서 놀다가 종 치면 들어오세요. 종소리 잘 들어야 해."

하고 내보냈다.

"한 줄로 서서 차례차례, 층층대를 오르내릴 때는 한 칸씩 천천히." 하면서 사흘이나 함께 했으니 저희들끼리 잘하겠지 싶었다.

그런데 공부 시작종이 쳐도 아무도 안 들어온다. 들어오겠지, 들어오겠지 하다가 창밖을 내다보니 모두들 다 들어가고 난 운동장에 우리 반 아이들만 여기저기 뛰어다니면서 놀고 있다. 공부 시간 시작한 지 이미 십 분을 훨씬 넘기고 있다. 기다리고 있자니 그것도 안 되겠다. 운동장으로 나가서, "일학년 삼반!" 하고 불러도 워낙 여기저기 뛰어다니며 노는 애들이라 들리지도 않는 모양이다. 한 번 더 "일학년 삼반!" 하고 부르다가 고만 입을 딱 다물었다.

'선생 한두 해 하나? 니 나이가 몇 살인데 운동장에서 고래고래 소리 지르면서 아이들 부르고 있노?'

누가 봤으면 딱 그럴 것 같다. 손나발을 만들어 부르다 말고, 씨름

장으로, 철봉으로, 정글짐으로, 흩어져 노는 아이들을 잡으러 다닌 다고 한참을 뛰었더니 숨이 다 찬다. 겨우 몇몇을 붙들어 교실로 들 어가자 하고 동무들을 불러오라고 했더니, 하나둘 모여든다. 다 모 아서 교실에 들어오니 한 시간 공부는 이미 물 건너갔다. 마칠 때가 다 되어 간다.

숨을 가다듬고 아이들에게 말했다.

"들어가는 종 치면 들어오랬잖아요. 종소리!"

"종 안 쳤어요."

"종소리가 안 났는데요?"

"뭐어? 종 쳤잖아? 다른 반 동무들이랑 형아들은 다 들어갔잖아?"

"종소리 안 났는데."

서로 마주 보며 뭔가 이상하다는 얼굴이지, 잘못했구나 하는 빛은 없다. 그러구러 마칠 종이 울린다.

"여러분이 너무 늦게 들어오니까 벌써 마칠 종이 치잖아요. 한 시 간 공부 못 하고 놀기만 했네."

"저 소리 말이에요?"

기창이가 대뜸 한마디 하는데 머리를 '딱!' 한 대 맞는 기분이다.

"저게 종소리냐? 딩 동 댕 대앵, 벨소리지."

아이들 눈길이 내 책상에 놓여 있는 작은 종에 모인다. 교실에서 활동하다 신호를 보낼 때 가끔 딸랑딸랑 흔드는 종! 에구구, 우리 아 이들에게 종소리는 바로 이 작은 종 소리였다.

'그래, 학교에서 종소리 없어진 지가 언젠데.'

그런데도 아직도 내 입에서는 종소리, 종소리다. 벨소리로, 멜로 디음으로 바뀐 지 이십 년이 넘을 텐데. 그제서야 잊고 있었던 1학년 아이들이 다시 살아난다. 책 찾아 펴는 것부터 오른쪽 왼쪽 가리키는 것까지 일일이 몸으로 해 보고 부딪쳐야 한다는 것을. "학습지에 이름 쓰세요." 하면, 성은 빼고 이름만 쓴다는 것을. "육학년 일반 교실에 갖다 드리세요." 하면, "육 빼기 일은 있는데 육학년 일반 교실은 없어요." 하는 아이들이란 것을.

"책 한번 펴 보세요. 요기 맨 아래에 조그만 꽃 그림 있지요? 이거 무슨 꽃 같아요? 튤립? 그래, 튤립 꽃이에요. 그런데 거기 무슨 숫자가 있지요? 몇이라 적혀 있어요? 팔? 그래 팔이지요? 이제부터 '팔 쪽 봅시다' 그러면 여기 튤립에 적혀 있는 숫자 팔을 찾으면 돼요. 이게 여기 이 쪽의 이름이에요."

다음 시간은 집에서 내가 스스로 할 수 있는 일을 알아본다.

"이번에는 우리가 무슨 공부를 할지, 먼저 내가 어떻게 하는지 한번 볼래요?"

교실 밖에 나가서 "엄마, 학교 다녀왔습니다." 하며 문을 확 열고 들어오니 아이들이 놀란 눈을 하고 웃지도 않는다. 허리를 굽히지도 않고 실내화를 벗어 여기 한 짝 저기 한 짝 휙휙 차서 날린다. 또 걸어가면서 양말 목을 잡고 밑으로 끌어내리니 안팎이 뒤집힌 채로 벗겨진다. 그걸 또 휙휙 던지면서 걸어 들어가니 그제서야 아이들이 와그르르 웃어 댄다.

"일학년 박선미 학생이 집에 들어가면 이렇게 해요. 잘했어요?"

"아이요, 아니요."

난리가 났다.

"뭘 잘못한 거 같아요?"

"문을 확 열어서 깜짝 놀랐어요."

"또?"

"신발도 지 맘대로 벗어 놓고요."

"양말도 막 던졌잖아요."

양말을 주워 올려서 보여 주면서 "양말이 뭐 잘못됐어요?" 했더니, 여기저기 시끄럽게 들고 일어난다.

"보세요, 뒤집어졌잖아요."

"아무 데나 막 던졌잖아요."

"그럼 어떻게 해야 되는 건데?"

"안 뒤집어지게 바로 벗어야 해요."

"빨래통에 갖다 놓아야 해요."

"아하, 여러분은 그렇게 잘 아는 걸 박선미 학생은 몰랐구나. 그럼 양말 안 뒤집어지게 한번 벗어 볼래요?"

모두들 다리를 쭉 뻗어서 양말을 벗는다.

"요기 발바닥 한복판을 잡고 빼면 안 뒤집어져요."

"앗! 지연이가 그 비밀을 어떻게 알았을까? 나만 알고 있는 건데."

"스펀지에서 봤어요."

"스펀지에서? 나만 아는 줄 알았는데 ……. 아뿔싸, 비밀이 샜구나!"

아이들이 큭큭 웃는다.

"우리 그럼 다 같이 해 볼까?"

양말을 신었다 벗었다, 또 신었다 벗었다. 몇 번을 해도 지겹지 않다. 입으로만 하고 넘어갈 뻔한 일을 아이들 덕에 이렇게 일일이 함께하고, 재미나게 익히면서 한 달을 잘 살았다.

그렇게 살아온 한 달. 오늘은《우리들은 1학년》을 아주 잘 마치고 잔치를 한다. 콩 볶은 것, 쑥떡, 오이 두 조각씩, 집에서 밤잠을 설치면서 삭혀 온 단술. 잔칫상은 조촐하지만 재미있고 신나는 잔칫날이다.

"입학해서 한 달 동안 학교에 재미있게 잘 다녀서 정말 기뻐요. 우리가 만나 서로 아끼면서 행복하게 잘 지낸 것을 기념하는 잔치예요."

이틀에 걸쳐 열심히 만든 예쁜 상장도 준다.

아프지 않고 학교에 잘 나온 상, 다치지 않고 층층대 잘 오르내린 상, 또박또박 큰 소리로 대답 잘 하는 상, 동무들하고 사이좋게 잘 노는 상, 놀이할 때 규칙 잘 지킨 상, 스스로 가방을 잘 챙겨 오는 상, 사물함 정리를 잘 하는 상, 실내화를 바르게 잘 놓는 상, 바른 자세로 잘 앉는 상, 짝지 손을 잘 잡아 주는 상, 책을 가지런히 잘 꽂아 두는 상……. 아이들에게 줄 상은 많고도 많다.

하나씩 상을 받아 들고 더듬더듬 읽는 모습들이 예쁘다. 그냥 종이 한 장이지만 얼굴 가득 기쁨이 묻어난다. 저 기쁨으로 4월 한 달이, 또 1학기가 신나고 즐겁게 이어지기를 빌면서 나한테도 상 하나를 준다.

'박선미, 몸살을 앓으면서도 잘 살아 주어서 기특하다. 힘내서 한 해 동안 아이들 마음껏 사랑해 주어라.'

그런데 진짜로 멋진 상을 아이들한테서 한꺼번에 다 받았다.

마지막 시간에 학교에 와서 마음에 가득 들어온 것이 있으면 그려 보자, 자랑하고 싶은 것을 그려도 된다 했더니 말로 못 하던 것을 열심히 그린다. 아이들이 그려 낸 어설픈 그림, 그 위로 삐뚤삐뚤 쓴

글 한 줄, 한 줄이 내 가슴을 그득하게 해 준다.

- 학교가 억수로 커서 좋아요.
- 우리 학교는 방송실이 좋아요.
- 학교가 너무 재미있어요.
- 집에서 칭찬받았어요.
- 선생님이 개그맨이에요.
- 콩도 잘 먹을 수 있어요.
- 풍남이(학교에서 키우는 개)가 좋아요.
- 운동장이 엄청 커요.
- 우리들은 1학년이 좋아요.
- 우리 교실 멋져요.
- 선생님이 좀 착한 것 같아요.
- 나도 잘할 수 있어요.
- 우리 반 동무가 착해요.
- 안 싸우는 우리 반 좋아요.
- 음악실 좋아요.
- 나는 짝하고 인사하는 것이 재미있어요.
- 동생하고 잘 놀아요.
- 내 짝은 손을 잘 잡아서 좋아요.
- 풀 잘 빌려 줘서 좋아요.
- 멸치도 맛있네요.

아이들이 그려준 그림 한 장, 한 장이 모두 가슴 뭉클한 상장이다.

진짜 재미있제? 날마다 하고 싶다

"지원이 좋아하면 나와라."
아이들이 모두 다 달려 나와 춤을 추자
지원이는 그제야 활짝 웃는다.
한 아이씩 이름 불러 주랴, 아이들 보고 배 아프게 웃으랴,
나도 춤추고 싶지, 장단도 놓쳐 버렸다.
그냥 마구잡이로 내 맘대로 치면서
아이들 속에 묻혀서 덩실덩실 춤을 춘다.

내 마음이 천국이면
아이들도 모두 천사가 된다

내일은 쉬는 토요일! 그래서 오늘은 아침에 일어나면서부터 마음이 가볍다.

"어이구우 우리 강생이들, 잘 잤쪄?"

베란다 문을 활짝 열고 꽃봉오리가 잔뜩 맺힌 재스민나무에 코를 갖다 대고 킁킁거려 본다. 수줍은 듯 올라오는 아기둥굴레도 한번 보고 며칠 전에 뿌려 놓은 돈나물 뿌리도 둘러본다. 아직 숨지 못한 민달팽이도 한 마리 찾았다.

"저기 너른 세상에서 잘 살아래이."

살살 집어서 창밖으로 내보낸다.

집을 나설 때도 승강기를 기다리지 않고 계단으로 내려온다. 내려오는 발걸음도 토동통 리듬을 탄다. 학교 앞 오르막길을 올라가는 걸음도 한결 가볍다. 몇 걸음 앞에 기훈이가 올라간다.

"기훈아아아!"

내 기분이 전해졌나? 기훈이도 환하게 웃으며 두 팔을 좌악 벌리고 돌아서 안긴다. 1학년 담임하는 맛이 바로 이런 거다. 조금만 더 커 봐라, 이렇게 포옥 안겨 드는가.

"니 손이 와 이래 차갑노?"

내 말엔 대답도 않고, "저기 정민이 오는데요." 한다.

정민이 손까지 잡고 셋이 나란히 교문을 들어서는데 어디서 봤는지 연희랑, 홍대도 달려온다.

"선생님, 오늘 청바지 입었네요."

"아가씨 같아요."

아이들한테 둘러싸여 교실로 들어가니 기분도 참 좋다. 나들간에서 신발을 벗는데 대경이 어머니가 나오신다.

"대경이는예?"

"교실에 있어예. 아이들하고 노는 것 보고 나왔어예."

교실에 들어설 때마다 몇 번을 망설이다가 겨우 엄마 손을 놓던 대경이가 오늘은 저 혼자 엄마를 보냈단 말이지.

"아이구, 우리 대경이 인자 다 컸다. 지 혼자 떨어져 있고."

저만치 교실이 보이자 홍대가 먼저 내닫는다.

'저 녀석, 뛰지 말고 걸어서 다니자 했는데 ⋯⋯.'

그렇지만 오늘은 소리쳐 나무라지 않는다.

"선생님 온대이!"

먼저 달려간 홍대는 교실 문을 열면서 크게 외친다. 아이들이 우르르 달려 나온다.

역시나 1학년이다. 2학년만 되어도 '선생님이다!' 소리에, 아무일도 없었다는 듯 책 읽는 척 자리에 앉을 텐데. 누가 이렇게 잽싸게 달려 나와 이리도 반갑게 나를 맞아 줄까. 오늘은 우르르 요란하게 달려 나오는 이 1학년들이 새삼 사랑스럽다.

"어, 선생님! 오늘 예쁘네요?"

이 말은 언제 들어도, 누구한테 들어도 기분이 좋다. 나도 콧소리를 잔뜩 섞어서,

"그래요옹? 고마워용. 윤지도 아주 예쁘네요옹."

"선생님, 청바지 입으니까 날씬하네요. 한 스물몇 살쯤 되는 거 같아요."

"어머나, 하은아 고맙다야. 내가 그래 젊어 보인단 말이지."

"자아, 우리 예쁜이들 이제 자리에 앉아 봅시다."

가방을 여기저기 동댕이쳐 놓고 있다가 이제야 가방을 끌고 자리로 돌아간다. 상훈이는 가방이 거꾸로 된 줄도 모르고 필통도 흘리고 크레파스도 다 흘리고, 나중에는 빈 가방만 끌고 간다. 교실에 들어서자마자 벗어던졌는지 웃저고리도 벌써 서너 개가 여기저기 바닥에 널렸다.

"자아, 이 옷도 가져다 걸고. 다 밟겠다."

학급 문고 앞 바닥에는 벌써 이야기 짜 맞추기 그림판이 한데 섞여서 어지럽게 널렸다. 다 떨어진 그림책을 잘라 놀이판으로 만든 거다. 가지고 놀 때는 참 좋은데, 서른 가지나 되는 걸 이렇게 다 섞어 놓으면 하나씩 찾아 담을 때는 보통 힘든 게 아니다.

'이걸 어쩌나……. 그렇지!'

"사반! 우리 색깔 놀이 하자."

색깔 놀이라는 말에 귀가 번쩍 뜨인다.

"자아, 보라색 일번!"

눈 깜짝할 사이에 《우리 순이 어디 가니》 그림 맞추기 조각이 다 모아졌다.

"다음에는 하늘색 이번!"

《흥부와 놀부》그림 조각이 금방 다 모아졌다. 그냥 색깔만 찾자니 좀 심심하다.

"자아, 인자는 색깔마다 약속을 정하는 거다. 빨간색을 찾으면 엉덩이 흔들기, 노랑은 엉덩이 흔들면서 머리도 흔들기, 파랑은 엉덩이 흔들고 머리 흔들고 팔도 흔들기, 보라색은 머리 흔들면서 오른발 굴리기, 하늘색은 머리 흔들고 오른발 굴리면서 왼발도 굴리기."

"시작한다, 파랑색, 일번!"

온 교실이 난리가 났다. 엉덩이 흔들고 머리 흔들고 팔도 흔들고, 저희들끼리 부딪쳐 자빠지고, 책상에 부딪쳐 넘어지고. 그래도 우는 아이는 없다.

"선생님, 어지러워요."

"하지 말까?"

"아니요, 또 해요."

춤추고 놀면서 이야기 맞추기 그림판 서른 장을 다 모으는 데 십 분 걸렸다. 기분이 좋아지면 머리도 좋아지는 거야. 이런 재미난 생각이 곧바로 떠오르다니. 내 머리에서 말이지.

"오늘 첫 시간 공부는 국어《말하기 듣기》입니다. 요렇게 생긴 책 꺼내 보세요."

칠판 앞에《말하기 듣기》책을 세워 놓는다. 글자를 잘 모르는 정민이랑 지훈이는 책을 하나씩 꺼내서 그림하고 맞춰 보느라 한참 걸린다. 책 찾기를 기다리면서 아이들을 살펴보는데 지원이가 한쪽 다리를 책상 밖으로 내어놓고 쭉 뻗치고 앉아 있다.

"지원아, 다리는 책상 안으로 넣고 바르게 앉아야지."

다리를 한 번 움찔하더니 여전히 쭈욱 뻗친 채로다. 상훈이가 학급 문고에 책을 꽂고 달려 들어오다 지원이 다리에 걸렸다. 다행히 다치진 않았다.

"지원아, 거 봐라. 다리를 그러고 있으니 상훈이가 걸려서 넘어지잖아."

조금 있다 다시 봐도, 지원이는 다리를 뻗친 채 그대로다. 그런데 이번에는 바지를 무릎 위로 걷어 올렸다. 가만히 보니 무릎에 손바닥만 한 파스를 붙였다.

'아하, 이거였구나.'

지원이 옆에 앉으며 무릎을 쓸어 주고 아는 척을 한다.

"우리 지원이 다리 아픈가 보네. 어쩌다가 그랬쪄? 마이 아팠쪄?"

지원이는 그제서야 다리를 쭈욱 끌어당긴다.

"어젯밤에 많이 아팠는데요, 인제 괜찮아요."

"그랬쪄? 그래도 잘 참았쪄요?"

"나는 일학년이니까 울지는 않았어요."

"많이 아팠을 텐데 안 울고 참았다고? 우리 지원이 대단하다!"

"이거요, 성장통이에요. 많이 클라고 아픈 거래요."

"와아, 그러면 우리 지원이 많이 크겠네. 참기도 잘 참고."

어깨를 툭툭 쳐 주고 자리로 와서 돌아보니 지원이는 벌써 다리를 책상 안에 가지런히 놓고 바르게 앉았다. 바지도 끌어 내렸다. 눈을 반짝이면서 나를 본다. 고개도 끄덕여 가며 잘도 듣는다. 내가 칠판 앞으로 가면 칠판 앞으로, 책상 앞으로 가면 책상 앞으로 고개를 잘도 돌려 가며 나를 봐 준다. 이제 지원이하고 나는 한 몸이 된 듯하다.

'동무들 앞에서 또렷하게 말하고, 들을 때는 말하는 사람을 바라보면서 듣는' 공부를 한다. 자라서 무엇을 하고 싶은지 동무들한테 이야기해 주고, 다른 사람은 동무들 꿈이 무엇인지 잘 들어 보기로 한다.

경찰관이 되고 싶은 아이, 간호사가 되고 싶은 아이, 선생님이 되고 싶은 아이가 많다. 언젠가 119 구조대를 다루는 TV 프로그램이 인기가 있던 무렵에는 119 구조대원이 되겠다는 아이들이 아주 많더니, 올해는 얼마 전에 했던 야구대회 때문인지 야구 선수가 되겠다는 아이도 제법 있고, 축구 선수가 되겠다는 아이도 여럿 있다.

윤지는 책 파는 사람이 되고 싶단다. 인혁이가 나왔다.

"예, 저는 사탕 만드는 사람이 되고 싶습니다."

"사탕 먹으면 이빨 썩는데."

인혁이 말이 떨어지기 무섭게 앞에 앉은 석우가 한마디 한다.

"그래, 맞다."

"사탕은 먹으면 안 되는데."

다른 아이들도 여기저기서 나선다. 인혁이가 어쩔 줄 모르는 얼굴을 하고 섰다.

'아아, 이 일을 우짜노?'

인혁이는 사탕 공장집 손자다. 그래서 인혁이도 사탕 만드는 사람이 되고 싶은 게지.

'이 일을 어떻게 하지?'

그 짧은 순간에 나는 어떤 말을 해 줄까 생각만 많은데,

"이빨 안 썩는 사탕 만들면 되지."

지원이다.

"예, 저는 이빨은 안 썩고 맛은 좋은 사탕을 만들고 싶습니다."

지원이 말을 듣고 인혁이가 환한 얼굴로 크게 말한다. 아이들이 여기저기서 손뼉을 친다. 나는 아주아주 크게 손뼉을 친다. 지원이가 고맙고, 인혁이도 예쁘고, 손뼉을 치는 이 아이들이 모두 꽃처럼 예쁘다. 내 마음이 천국인 날은 아이들도 모두 천사가 된다. 이렇게.

나는 엄마 아빠가 이혼 안 했는
아이가 부러워요

오늘은 국어 《읽기》 셋째 마당 공부를 마치고, 더 나아가기 공부를 한다. 교과서에 실려 있는 '송이버섯의 웃음'을 함께 읽고 이야기를 나눈다.

"개미는 달팽이를 왜 부러워했나요?"

"달팽이는 비가 와도 비를 맞지 않아서요."

"여러분이라면 동무를 부러워하는 개미한테 뭐라고 말해 주고 싶어요?"

말수도 적고 늘 조용조용한 성민이가 말한다.

"개미야, 달팽이는 집을 지고 다니니까 느림보잖아. 그러니까 부러워하지 마라."

이번에는 경철이가 손을 번쩍 들고 말한다.

"개미야, 니는 땅굴도 잘 파니까 비가 오면 땅굴 파서 들어가면 되니까 괜찮아. 지렁이도 집을 안 지고 다니재? 그래도 비에 안 떠내려가잖아. 그러니까 달팽이가 안 부러운 거야."

날마다 꽃밭에서 갖가지 벌레를 잡아 왔다가 아이들한테 타박을 듣는 녀석이다.

"개미야, 달팽이보다 니가 더 잘하는 것을 생각하면 안 부러울 거야."

자꾸만 뒤를 돌아보고 앉았다가 허리 삐뚤어질라 걱정을 듣는 민지가 어른스럽게 말한다.

"여러분도 개미처럼 동무들을 부러워한 적 있어요?"

"네에!"

어쩜 이리도 빨리, 그리고 큰 소리로 대답하는지 깜짝 놀랐다. 우리 아이들이 이렇게도 동무들을 부러워하고 있단 말이지?

"와아, 우리 동무들은 무엇이 그렇게 부러웠을까?"

아이들을 휘이 둘러본다. 여기저기서 조그만 손들이 쑥쑥 올라온다. 하고 싶은 말들이 많았던 거지.

"희진이부터 말해 볼까?"

"나는요."

희진이가 조금 뜸을 들이더니 연화 쪽을 본다. 연화하고 눈이 마주치자 입가에 수줍은 듯이 웃음을 머금고는 말한다.

"연화가요 진짜로 부러워요. 싸움도 이기고요, 키도 커서요."

아이들이 모두 연화를 바라본다. 연화는 빙긋이 웃으면서 눈을 내리깐다. 수줍은 모양이다.

"연화는 희진이가 하는 말 듣고 희진이한테 해 주고 싶은 말이 없어?"

연화가 입을 오물거리다가 한마디 한다.

"희진아, 나는 키가 커서 혼날 때가 많거든. 키도 커다란 기 동생하고 싸운다고. 나는 키가 커서 싫어. 키 크면 안 좋은 것도 많다."

"희진아, 키가 작으면 줄 설 때 맨날맨날 앞에 서니까 좋재? 키가 크다고 다 좋은 건 아이다. 그라고 나는 키가 크니까 여자 줄에 서서 할 때가 싫습니다."

우리 반에서 키가 제일 큰 기훈이가 거들어 준다. 나중에는 아예 볼멘소리로 나한테 외치는 것 같다. 이번에는 얼굴이 까무잡잡한 선하가 일어섰다.

"나는요, 보빈이가 부러워요. 보빈이는 얼굴이 하얘서요."

얼굴이 하얀 보빈이가 선하한테 말해 준다.

"선하야, 그런데 나는 얼굴이 너무 하얘서 싫다. 학원 언니야들이 한 번씩 백야시 같다고 하기 때문입니다."

얼마 전에 동무가 깜둥이라고 놀린다고 서럽게 울던 은희가 거들고 나섰다.

"우리 아빠가 그라는데 검은색 피부가 예쁘다고 돈 주고 시커멓게 태우는 사람도 있다 카던데. 선하 니는 더 좋다 아이가. 나도 인자 깜둥이라고 놀려도 괜찮다."

선하는 은희 말을 듣더니 제 얼굴을 한번 쓰윽 쓸어 본다.

"나는요, 대경이가 부러워요. 대경이는 혼 안 나잖아요."

한자리에 가만있질 못하고 싸부작거리는 상훈이는 자주 이름이 불린다. 저희들 눈에 잘못한 것이 있어도 좀처럼 꾸지람을 듣지 않는 대경이가 부러웠던 모양이다.

"나는 우리 엄마가 빨리 말도 잘하고 글도 잘 쓰면 좋다고 생각합니다. 성민이는 엄마가 받아쓰기 공부 잘 가르쳐 줘서 참 좋다고 생각합니다."

상현이 어머니는 베트남에서 시집을 왔다. 상현이는 엄마랑 함께 받아쓰기 공부를 한단다. 아버지가 불러 주면 엄마도 쓰고, 상현이도 받아쓴다고 했다. 가끔씩 엄마보다 점수를 더 잘 받았다고 좋아하는 상현인데, 그래도 엄마가 받아쓰기를 가르쳐 주는 동무들이 부러웠던 모양이다.

이번에는 정민이가 손을 들고 일어난다.

"나는 선생님이 젤로 부럽습니다. 선생님은 뭣이든지 많이 알기 때문입니다. 나도 글도 잘 읽고 잘 쓸 수 있으면 좋겠다고 생각합니다. 나는 선생님이 되고 싶습니다."

여기저기서 "선생님이니까 그렇지." 한다. 이 말에 뭔가 대답을 해 주고 싶어서 잠깐 할 말을 찾는데, 홍윤이가 벌떡 일어난다.

"나는요, 우리 엄마 아빠가 이혼했는데도 다른 아이들이 안 부러웠는데요, 인자는 엄마 아빠가 이혼 안 했는 아이가 부러워요."

아아, 우리 홍윤이! 늘 씩씩하고 밝은 홍윤이가 저런 말을 한다. 갑자기 숨이 턱 막히는 것 같아 잠깐 동안 할 말을 못 찾고 홍윤이만 바라본다. 하고 싶은 말이 더 있는지 홍윤이는 자리에 앉지 않고 다시 입을 연다.

"선하는 엄마가 급식 당번 오고 아빠도 급식 당번 오니까, 나는 부러웠습니다. 또 기훈이가 엄마하고 아빠하고 시장 보러 갈 때도 기훈이는 좋겠다고 생각했어요. 나도 우리 엄마하고 아빠하고 이혼 안 하고 같이 살면 좋겠습니다. 또 비 올 때 엄마하고 아빠가 데리러 오면 참 좋겠습니다."

또박또박 들리는 홍윤이 말이 그대로 내 가슴을 쿡쿡 찌른다. 급식을 시작할 때, 어머니들한테 급식 당번을 하게 하는 것이 영 마뜩잖았다. 그러면서도 우리 반만 반대할 수 없다는 핑계로 그냥 순순

히 따라 한 내가 부끄럽고 부끄럽다. 눈물이 핑 돌아서 고개도 들지 못하고 있는데 누가 일어나서 말을 한다.

"홍윤아, 우리는 엄마하고 아빠가 이혼 안 해도 맨날맨날 싸워서 안 좋다."

희진이다. 제 딴에는 홍윤이를 위로하고 싶은 게지. 희진이 마음이 예뻐서 또 눈물이 나려고 한다. 며칠 전에는 엄마, 아빠가 싸워서 밥도 못 먹고 왔다던 희진이다. 그런 녀석이 제 나름대로 홍윤이를 토닥토닥 위로하고 있다.

"나는 우리 엄마가 아빠하고 이혼 안 했는데도 같이 안 산다. 돈 마이 벌 때까지 외할머니 집에서 살아야 된다."

상진이는 형아랑 같이 외할머니 댁에서 산다.

"나는 우리 아빠가 하늘나라로 가서 가짜 아빠하고 산다. 나도 친아빠하고 살고 싶을 때가 한 번씩 있다."

은희는 어머니가 재혼을 해서 새아버지랑 동갑내기 배다른 오빠랑 넷이 산다. 그런데 오빠랑 둘이서 싸우면 엄마한테 저만 혼난다고 학교에 오면 자주 일러 준다. 지난 주말 지낸 이야기에 은희가 "오빠하고 싸웠다고 엄마가 화가 나서 둘이 한 구멍에 파 넣어 뿐다 했다. 나는 무서워서 도망쳤다." 하고 써서 마음 아프게 했던 녀석이다.

"우리 아빠는 맨날 술 먹고 와서 싸우자 캐서 엄마가 싫다 칸다. 나는 아빠가 술을 너무 마이 먹어서 싫다."

"우리 아빠도 술 먹고 오면 맨날 우리만 혼내는데."

여기저기서 봇물 터진 듯이 이야기가 쏟아져 나온다. 홍윤이는 동무들이 하는 이야기를 들으면서 고개를 주억거리고 앉았다. 아직 어린 줄만 알았던 아이들이 훌쩍 커 보인다. 우리 어른들이 모르는 사이, 이 아이들은 이렇게 자라고 있다.

저 녀석들은 저희들만의 말로 홍윤이를 위로하느라 얘기를 쏟아 놓지만, 나는 가슴이 천 갈래 만 갈래 찢어지는 것 같다. 어른이나 된 나는 아무것도 주지 못하고 위로도 되지 못하는데, 우리 아이들은 이렇게 제 아픈 곳을 다 드러내 놓고 동무를 위로하고 위로받으면서 함께 자라고 있다. 요런 예쁜 녀석들을 만난 나는 참 복을 많이 받은 게지. 오늘 함께 읽으려고 뽑아 두었던 《내게는 소리를 듣지 못하는 여동생이 있습니다》는 다음 시간에 읽어야겠다. 이번 시간은 아이들이 좋아하는 노래나 실컷 불러야겠다.

아! 시가 피었다

5월 4일은 우리 학교 잔칫날이다. 운동장을 빙 둘러서서 학교뿐
아니라 온 동네를 환하게 밝혀 주는 벚꽃과 그 아래로 조금 일찍, 나
지막하게 피어서 길 가는 사람을 끌어당기던 샛노란 개나리. 이 꽃
들이 아까워서 해마다 이맘때면 아이들, 부모님들, 그리고 온 마을
사람들이랑 한마당 잔치를 한다. 그러니까 우리 1학년도 벚꽃이 봄
바람을 타고 흩날리는 운동장에서 어머니, 아버지들이랑 잔치를 하
는 것이다.

춤도 추고 달리기도 한다. 입학한 지 두 달 남짓한 아이들을 데리
고 잔치 준비를 한다는 게 쉽지는 않다. 3월 한 달 동안 춤이야 많이
추고 놀았지만 운동장 한가운데서, 누군가를 모셔 놓고 춤추는 건
또 좀 다르다. 달리기도 그냥 막 달리는 것이 아니다. 하얗게 트랙
을 그어 놓고 그 줄을 따라 빙 돌아 달리는 것도 새로 익혀야 하는 아
이들이다.

하루는 나가서 운동장 가운데서 춤을 춰 보고, 하루는 줄을 따라
달리기도 해 보고, 또 하루는 두 편으로 나누어서 '피어라 꽃동산'
경기 연습도 한다. 아이들 고생 안 시키면서도 즐겁고 재미나게 할

수 있는 것을 찾느라 머리를 굴려 보지만, 별 뾰족한 걸 못 찾는다. 꼭 그날을 위해서가 아니라 며칠 동안 한 시간씩 운동장에 나가 춤추고, 달리고, 경기하는 그때 그때를 즐겁고 재미나게 보내는 수밖에.

벚나무 아래 울타리에는 우리 학교 아이들이 그린 그림을 모두 붙일 거다. 그래서 오늘은 '우리 학교'를 그린다. 도화지를 한 장씩 들고, 스케치북도 옆에 끼고 운동장으로 나간다. 밖에만 나가면 아이들은 더욱 펄펄 살아난다. 몇몇은 어디서 어디까지라 할 것 없이 그저 무작정 내달린다. 누가 잡으러 오는 것처럼 어찌나 쌩하니 달리는지. 누가 먼저고 누가 뒤따르는지도 모른다. 그저 온 힘을 다 쏟아 낸다. 두어 녀석은 미끄럼틀까지 힘껏 뛰어갔다가 되돌아서 맞은편 담까지 있는 힘을 다해 달려가더니 손바닥으로 담장을 "착!" 짚고 되돌아 달려 나온다. 한 녀석은 미끄럼틀 옆에 매달아 놓은 자동차 타이어를 발로 힘껏 차고 뛰어오더니 되돌아가 또 발로 힘껏 차고는 튕기듯이 물러난다. 재미가 있는지 이 녀석은 말 그대로 '무한반복'을 한다. 힘이 빠져야 그만 두려나? 운동장 가운데서는 여학생들이 날아오르는 비행기처럼 "위이잉" 소리까지 내면서 두 팔을 활짝 벌리고 운동장을 빙 돌고 있다. 그 뒤로 다른 아이들도 팔을 활짝 벌리고 줄줄이 달려간다.

바람이 일 때마다 흩날리는 꽃잎도 한몫한다. 선선한 바람과 바람결 따라 흩날리는 분홍빛 꽃잎, 그 아래 기운차게 달리는 아이들과 얼굴 가득한 웃음. "까르륵 까르륵" 밉지 않은 시끄러움. 보고만 있어도 입가에 웃음이 번지는 그림이다.

교장 선생님이 보면 기겁할 일이지만, 체육 창고까지 힘껏 내달아 철문을 "쾅" 하고 발로 차고 돌아오기도 한다. "쾅" "쾅" 이어지는 시끄러운 소리에 다른 반 수업까지 방해할까 봐 "아서라, 아서라." 말려서 불러 모으고 싶지만 저럴 때는 별 뾰족한 방법이 없다. 그냥 한 오 분만 기다리면, 숨을 헐떡이면서 다들 모여든다. 아무 말 안 하고 보고만 서 있어도 "뭐 해요?", "뭐 봐요?" 하면서.

그걸 알기까지 참 오랜 세월이 걸렸다. 한때는 목 놓아 소리쳐 불러 모으고, '줄 서라!' 목에 핏대를 세우고, 제발 좀 모이라고 눈을 부라려 댔다. 그렇게 목청껏 소리쳐 불러 모으는 시간이나, 달리고 싶은 만큼 달리고 나서 빙그레 웃고 서 있는 내 앞에 "뭐 봐요?", "뭐 해요?" 하고 모여드는 시간이나 거의 같다는 걸 몰랐던 거다. 세월 앞에서 아이들만 자라는 것이 아니라, 선생 노릇하면서 나도 참 많이 자랐다 싶으니 또 빙그레 웃음이 난다.

저렇게 솟구치는 힘들을 교실에 꼭 붙잡아 두었으니! 오늘도 뛸 만큼 뛰었는지 그제야 "뭐 봐요?" 하고 하나둘 모여든다. 얼굴은 벌겋게 달아오르고 숨은 목까지 차면서도, 내가 빙그레 웃고 섰으니 또 뭐 재미있는 일이라도 있나 싶어 두리번거린다.

"얄마, 땀이나 닦자."

모여드는 아이들을 보면서 층층대에 걸터앉는다. 아이들도 땀을 뻘뻘 흘리면 여기저기 털썩 주저앉는다. 올려다보는 아이들 콧등에 땀이 송글송글 맺혔다. 민준이는 머리 밑에 땀이 어찌나 많이 흘렀는지 머리카락이 착 달라붙어 물이라도 한 바가지 뒤집어쓴 것 같다.

'아, 민준이는 유난히 땀을 많이 흘리는구나.'

달아오른 얼굴빛이 꽃잎보다 더 붉다. 아직도 숨이 골라지지 않는지 아이들 숨이 거칠다.

"오늘은 우리 학교에서 여러분이 꼭 자랑하고 싶은 곳을 그리는 거예요. 학교 잔칫날에 식구들이 오시면 여러분이 제일 좋아하는 그곳을 자랑해 보는 거예요."

"그럼 그려요?"

"네엡!"

열아홉 아이들이 꽃잎처럼 흩어진다. 층층대에 앉아 쓱쓱 그리는가 싶더니 아주 철퍼덕 엎드려서 지우개를 문대고 있다. 뭔가 잘못 그린 모양이다. 바람이 한 번 휘익 지나간다. 운동장가에 병풍처럼 둘러선 벚나무에서 꽃보라가 인다. 바람에 흩날리는 꽃잎이 함박눈보다 곱다.

"와아!"

아이들도 탄성을 지른다.

"야아아, 저거 봐라, 저거!"

민준이가 가리키는 쪽을 본다. 떨어진 꽃잎들이 바람이 부는 대로 우르르르 우르르르 뒹군다. 흩어지는 바람결에 몸을 맡기고 뒹굴던 꽃잎들이 층층대 아래 구석진 곳으로, 담장 아래로, 바람이 끝나는 곳곳에 가서 모인다.

"꽃길이다, 꽃길!"

연분홍 꽃잎이 소복소복 쌓여 층층대 아래로 길게 꽃길을 만들었다. 상현이가 두 손을 오므려 꽃잎을 가득 떠 올리더니 코를 큼큼거리며 대어 본다. 얼굴을 포옥 파묻어 보더니 머리 위로 확 날린다. 흩날리는 꽃잎이 나비 떼처럼 흩어진다. 그림을 그리다 말고 아이들도 나도 모두 한참 동안 넋 놓고 꽃보라를 바라본다. 미진이가 불쑥 말을 건다.

"선생님, 꽃잎이 그냥 쭈루룩 널찌는 줄 알죠?"

"으응?"

파란 하늘과 화사한 벚꽃, 그 아래 엎드려 그림 그리는 아이들. 거기 푹 빠져 꿈속을 헤매다가 미진이 말에 정신이 퍼뜩 든다.

"땡! 이거든요."

대답도 기다리지 않고 미진이가 재잘재잘거린다.

"꽃잎이요, 밑으로 살짝 널찌다가 뺑글 돌거든요. 바람이 불면요, 다시 저 위로 자꾸 올라가요."

놀랍다. 뺑글 돌다가 다시 바람을 타고 위로 위로 올라가는 꽃잎을 보고 토해낸 말, 이렇게 아름다운 시를 읊고 있다. 차분하게 앉아서 활동하는 것에는 아직도 적응이 안 되는 아이라 생각하고 있었는데. 미진이 말대로 이건 진짜 "땡!"이다. 보통 여학생들과 달리 남학생들하고 운동장에서 공차기나 좋아하고 교실에서는 한 가지 활동에 집중하지 못한다고 속으로 걱정을 했더랬는데. 아, 미진이가 이렇게 한 가지에 마음을 쏟아 바라보았다니. 그것도 누가 시켜서가 아니라 제 마음을 뺏겨 마음 가는 대로 그렇게 눈여겨보았다는 거다. 게임도 아니고 만화영화도 아닌 벚꽃 흩날리는 것에 그렇게 오래오래 마음을 주었다니.

"와아, 미진이 대단하다!"

"오래오래 보고 있으면요, 다 알 수 있어요."

미진이가 어깨를 살짝 우쭐한다. 이런 모습도 처음이다. 다른 아이들처럼 내 앞에 와서 자신 있게 말하는 걸 본 적이 없다. 늘 둘레를 맴돌기만 하고 관심을 두지 않는 듯하더니.

아이들이 모여든다.

"미진아, 다른 동무들은 못 들었는데. 한 번 더 말해 줄래? 꽃잎

이 어떻게 떨어진다고?"

"아이참."

미진이가 부끄러운 듯 몸을 한 번 꼰다.

"해 봐라!"

"그래, 해 봐라."

둘러선 아이들이 힘을 준다.

"꽃잎이 그냥 쭈루룩 널찌는 기 아니라고요. 밑으로 살짝 널찌다가 뺑글 돌거든요. 바람이 불면요, 다시 저 위로 자꾸 올라가요."

똑같은 말을 하려니 쑥스러운지 말을 빨리 하고 만다.

"으흠! 그렇구나. 야아들아, 미진이는 그걸 어떻게 알았을까?"

"오래오래 한참 보고 있으면 다 알 수 있다니까요."

미진이가 또 빠르게 말한다.

"그렇구나, 그러면 우리도 꽃잎이 떨어지는 모습 한번 볼까나? 미진이처럼 오래오래 한참 동안!"

아이들이 그림 그리던 것을 팽개치고 얼씨구나 층층대를 내려간다. 너도나도 와르르 벚나무 아래로 내려가는데, 지연이는 "꽃잎 다 밟는다!" 애 터지는 소리를 하며 층층대에 쌓인 꽃잎을 피해 살금살금 내딛는다. 그 걸음도 꽃잎만큼 어여쁘다.

흐드러지게 핀 벚나무 아래서 하늘을 올려다본다. 나도 지연이 키만큼 낮춰서 하늘을 올려다본다. 금방 터질 듯한 붉은 꽃망울도, 흐드러지게 피어서 이제 곧 날아갈 준비가 다 된 연분홍 꽃잎도, 모두모두 바람을 따라 간당간당, 얄랑얄랑. 이렇게 어우러져 있다 보면 나도 저 하늘 어디론가 떠내려갈 것만 같다.

교실에서고 복도에서고 늘 구르듯이 뛰어다니는 남주는 운동장에

구르는 꽃잎을 쫓아다닌다. 주은이는 두 팔을 옆으로 활짝 벌리고 두 눈을 지그시 감았다. 입까지 쫘악 벌리고 섰다. 한참 그러고 있더니 이번에는 혀를 쏙 내밀어 본다.

"와아, 봤나? 봤나? 내 입에 꽃 들어가는 거."

혀끝으로 날아든 꽃잎을 보여 주느라 입도 제대로 다물지 못한다. 침이 고여 흐를 때까지. 여기저기 입을 벌리고 혀를 내민 채 꽃잎을 따라다니는 아이들. 5월 4일까지 갈 것도 없이 이렇게 꽃 잔치는 이미 시작됐다.

종이 치고 다른 반 아이들이 모두 몰려나온다. 꿈 같은 시간은 끝나 버렸다. 그러고 보니 오늘도 그림 그리기 수업은 샛길로 샜다. 다 팽개치고 꽃잎이나 따라다녔으니. 그럼 어떠랴, 이미 꽃 잔치는 시작됐는데, 눈앞에 온통 꽃 잔치가 벌어졌는데. 그림은 다음 시간에 그리지 뭐. 던져두었던 것들을 챙겨 들고 교실로 들어온다.

못내 아쉬운 아이들은 쉬는 시간이 다 갈 때까지 운동장을 쏘다니다 뒤늦게 하나둘 들어선다. 잔칫날에 큰상 받은 듯 아주 마음이 그득한 얼굴이다.

"그래, 그렇게 아름다운 꽃밭에서 실컷 뛰었으니, 콧구멍에 바람도 실컷 들어갔겠다. 이제 그 그득한 마음을 그림으로 그리자."

아이들이 별말 없이 그림을 그린다. 승하가 조금 전에 그리다 만 그림을 들고 "다른 거 그리고 싶은데." 하자, 여기저기서 너도나도 기다렸다는 듯 터져 나온다.

"다른 거 그려도 돼요?"

"뒤에다가 다시 그려도 돼요?"

꽃잎 따라 한참 내달리다 보니 그리고 싶은 게 달라졌겠지.

"그럼!"

오늘 이 시간, 우리 아이들 마음에 가득히 들어온 건 '바람결에 날리는 꽃잎'이다. 누구랄 것도 없이 모두 운동장을 빙 둘러서 있는 벚나무를 그렸다. 푸른 하늘과 분홍빛 고운 꽃나무, 그 아래 달리는 아이들. 모두가 그림 속에 고스란히 녹아들었다. 마지막으로 점점이 꽃잎을 그려 넣는다. 분홍색 벚꽃 잎이 온 하늘을, 온 운동장을 뒤덮고 있다. 방금 마음에 담아 온 것들이라 그런가? 하나 망설임도 없다. 이렇게 짧은 시간에 B4 종이 한 장을 다 채우는 아이들이 아닌데.

"글자도 써도 돼요?"

글을 잘 못 쓰는 미진이가 묻는다. 쓰고 싶은 말이 있는 거지.

"그럼, 쓰고 싶은 말 있으면 써도 돼요."

파란 하늘에 동글동글 꽃잎을 그려 넣던 아이들이 너도나도 글을 써넣기 시작한다. 미진이는 역시나 안 되겠는지 그림을 들고 나온다.

"꼰니피 어떻게 써요?"

'꽃, 잎, 이' 한 자 한 자 써 준다. 세 글자를 쓰는데 여남은 번이나 보고 또 보고 쓴다. 그러다 안 되겠는지 그냥 들어가서 아예 제 맘대로 적는다. 녀석, 성질이 좀 급해야지.

그림을 그리고 글도 써넣은 아이들이 그림을 들고 나온다. 창 쪽 그림 자리에 쪼르르 그림이 매달린다. 교실에도 점점 환하게 꽃이 피기 시작한다. 눈처럼 꽃잎이 흩날리는 그림이 쪼르르르 붙으니, 여기 바로 우리 교실도 꽃누리가 되었다. 그림 위로 삐뚤삐뚤 쓴 글들도 모두 마음을 울리는 아름다운 시다.

꽃잎이 주루루루 너찌다가요

바라미 부니까요

다시 이로이로 오라가요.

쭉 보고 이선는대 엄서져서요.

분명이 이섯거든요. (미진)

버꽃이 한참 올라가다가 저 먼 대 가서 널쪄요.

근데요 살살 돌아요. (상현)

바람이 조용하면요 어떤 거는 쭈루룩 널찔 때가 있어요. (기원)

꽃잎이가요

미트로만 오는 거 아니예요.

한참 올라가다가요

너무 오라가면요 저 먼 대로 가요. (기창)

발도 없거든요.

그래도 잘 달려가요.

바람이 밀어 주거든요. (지현)

꽃잎들은

구석으로 가요.

바람이 불면 모여 있는 걸 조와해요. (상욱)

이렇게 큰 눈은 없겠지요? (정운)

바람이 불면 너무 떨어져요.
토요일에 엄마 아빠 오면 보여줘야 되는데
너무 심했어요. (진희)

햄스터하고 달리기 붙어도 될 걸요. (승하)

바람이 슝 불면
꽃잎은 하늘로 올라가요.
안 내려와요. (민준)

입 벌리고 있으면
내 입에도 들어와요.
진짤로 들어와요.
내가 해 봤어요.
꽃잎이 보들보들하고요 찹찹해요
그런데 모르고 먹어졌어요. (주은)

꽃잎이 자꾸자꾸 날리니까요
오래오래 보고요
꼭 어지러운 거 같아써요.
기분이 좋게 어지러워요.
자꾸자구 보고요

자꾸 어지럽고요.

그래도 나는 하늘하고 꽃잎을 봐요. (주난)

꽃잎이가요

구석에 모여 있다가요

바람이 불면요

모두 다 달려가요.

쪼쪼쪼 달려가요. (세윤)

꽃잎이 달리는 거 보면요

모두 서서요 쭈쭈쭈쭈쭈 하고 가요.

바람이 그만할 때까지 달려요.

진짜로 서서 가요. (은지)

아이들 그림만 환한 것이 아니라, 그림 위에 피어난 이 아름다운 시들이 내 마음을 달뜨게 만든다. 봄바람 난 처녀처럼.

한빛이 아버지

월요일, 이틀이나 쉬고 오니 교실이 더 시끄럽다. 아침 말하기 시간에도 이야기할 게 많다. 오늘 주말 지낸 이야기는 가현이부터 시작한다.

"우리 식구들은 시골 할머니 집에 갔습니다. 어버이날에 못 가서 그렇습니다. 원래대로 하면 금요일 밤에 간다고 했는데 작은 이모부가 회사에서 회식을 너무 늦게까지 해서 토요일에 갔습니다. 할머니하고 큰 이모, 작은 이모, 우리 엄마, 외숙모가 쑥을 캐러 갔습니다. 큰 이모부 차를 타고 떡집에 가서 쑥떡을 만들었습니다. 콩고물이 진짜로 고소하였습니다. 여자들은 전부 다 쑥을 캤습니다. 근데 쑥떡이 초록색이었습니다. 할머니가 금방 캔 쑥으로 떡을 하면 원래 그렇다고 했습니다. 예쁜 색이라서 더 맛있는 거 같았습니다. 나는 할머니한테 카드만 만들어 줘서 좀 미안했습니다. 그래도 참 재미있었습니다. 다음에는 할머니 선물 한 개를 꼭 사겠습니다."

가현이가 이야기를 이렇게 잘해 주고 나니, 다른 아이들도 거의 어버이날 이야기를 한다. 한참 듣던 지연이가 제 차례가 되어 앞으로 나와 머뭇거리고 섰더니 작은 소리로 말한다.

"우리는 할아버지 집에 안 갔습니다. 왜냐하면 어버이날 앞 날에 할아버지한테 갔다 왔기 때문에 그렇습니다. 우리 아빠 회사는 놀 토가 없어서 나는 엄마하고 집에만 있었습니다. 그래서 할아버지 집에는 안 갔습니다."

지연이가 들어가고 한빛이가 느릿느릿 나온다. 맨 뒷자리에서 칠 판 앞까지 나오는데 한참 걸린다. 양쪽 책상에 두 손을 짚고 휙 뛰어 올라 두 다리를 흔들흔들거리다가 척 내려선다. 또 그 앞 책상에 손 을 짚고 펄쩍 올랐다가 내려서고. 저러고 나오니 오래 걸릴 수밖에. 앞에 나와서 말하는 것이 아직 편하지 못한 한빛이는 저런 방법으로 문치적문치적 시간을 번다. 그걸 알기에 한참 서서 기다려 주는데 아뿔싸 다른 아이들이 다 흐트러진다.

앞에 나와 섰지만 입을 여는 데도 한참 걸린다. 고개를 외로 꼬고 서서 옷 앞자락을 만지작거리다가 발끝으로 바닥을 쿡쿡 찬다. 맨 앞에 앉은 정민이 책상에 놓인 그림을 한번 들여다보더니, 다시 뒤 돌아보다가 나랑 눈이 마주치자 씨익 웃는다.

'이제 해 보지?' 하는 내 마음을 알아들었는지 다시 아이들 쪽을 보고 딱 바르게 선다.

"자아, 인제 한빛이가 말할 거예요. 모두 듣기!"

한빛이가 말을 한다. 더듬더듬, 아주 작은 소리로 느릿하게.

"나는 병원에 갔습니다."

발음이 분명하지 않고 어눌해서 알아듣기도 쉽지 않다.

"병원에서 할머니 의자도 밀어 주고 ……."

모두 조용히 귀를 기울여 들어야 한다.

"다리도 주물러 줍니다."

다시 입을 다물고 다리를 흔들거리더니 한마디 더 한다.

"또 밤에는 병원에서 잤습니다."

꾸벅 인사를 하고 제자리로 들어간다. 오늘 처음으로 제 차례에 말을 했다. 들어갈 때는 어찌나 빠른지. 걸상에 척 걸터앉아 가슴을 좌악 펴고 등받이에 등을 편안하게 기대 아주 뒤로 젖히고 앉았다. 웃는 입이 다물어지지 않는다. 한껏 마음에 찬 얼굴이다.

그래, 몇 번이나 칠판 앞에 나와서 달막대다가 입도 못 떼고 들어 갔지. 드디어 오늘, 처음으로 동무들 앞에서 하고 싶은 말을 하고 들어갔으니 제 스스로도 얼마나 뿌듯할까. 할머니가 편찮으신 모양인데, 그래도 뿌듯한 기분 그대로, 좀 더, 한껏 느껴보라고 아무 말도 더 시키지 않는다.

그렇게 아침 말하기 시간이 지나고, 한빛이는 오늘 하루 종일 기분이 좋다. 평소에도 환하게 잘 웃는 아이지만, 오늘은 얼굴이 더 벙글벙글해서 보는 나까지 기분이 좋다. '처음 해 낸' 그 만족감이 저리도 기쁘고 즐거운가? 쉬는 시간에도 자주 나와서 내 책상 둘레를 맴돈다.

"이거 이거 오리는 거예요?"

"이거 어디 어디 쓰는 거예요?"

"우리 엄마는 급식 안 와도 된다고 했어요?"

입학하고 딱 두 달 반, 마음에 짐 지워 준 것도 없다 싶었는데 한빛이는 아침 말하기 시간이 그렇게 마음의 짐이었던 것 같다.

점심을 먹고 '방과 후 보육 교실'에 가 있던 한빛이가 교실에 왔다. 또 뭘 안 가져간 게 있나 보구나 했는데 아무 말도 않고 호주머니에서 뭘 꺼내 쑥 내민다. 편지다.

"아빠가요, 선생님 갖다 주랬어요. 꼭 읽어 보세요."

대답도 듣지 않고 쪼르르 달려 나간다. 아침부터 호주머니에 넣어두었던지 봉투가 다 구겨졌다.

선생님께 드립니다.

화려한 몸치장을 한 꽃들이 한바탕 쓸고 지나가고 천지가 푸르름으로 짙어 가는 계절의 여왕, 5월입니다.

가방이나 메고 다닐 수 있을까 하는 걱정 속에서 입학을 시킨 지도 벌써 두 달이 훌쩍 지나버렸습니다. 다행히도 한빛이가 학교를 세상에서 가장 재미있는 곳이라 여기며 적응해 나가는 걸 볼 때, 새삼 대견스럽기도 합니다.

날마다 집에서 예습, 복습 시켜서 다른 친구들과 같이 보조 맞춰 가도록 지도해야 하는데, 저는 먹고산다고 바쁘고 어머니는 동생 둘 키우랴 또 모국어가 아닌 탓에 많이 힘든가 봅니다.

그리고 지난주에는 할머니께서 뇌경색으로 입원을 하셨습니다. 할머니께서 날마다 한빛이를 찾으시고 저 또한 당연히 한빛이가 날마다 할머니 문병을 가야 한다고 생각하기에 저녁마다 병원에 데리고 갑니다.

한빛이가 할머니께서 휠체어에 타신 걸 보고 충격을 많이 받았던 것 같은데 다행히 지금은 의젓하게 할머니 팔다리도 주물러 드리고 나름대로 열심히 노력하는 게 고맙기만 합니다.

덕분에 할머니도 많이 좋아지고 계십니다.

선생님, 당분간만 우리 한빛이가 받아쓰기나 읽기를 잘 못해도 야단 많이는 치지 말아 주세요.

세상에는 공부보다 소중한 게 훨씬 많고, 또 그런 것을 하나씩 이해해 나가는 것도 학교생활만큼이나 소중할 수 있으니까요. 때로는 일등보다 당당한 꼴찌도 있다는 걸 한빛이 또한 언젠가는 알 수 있겠지요.

선생님 찾아뵙지 못하고 편지로 대신하는 것 이해해 주시기 바라며, 제가 초등학교 1학년 때 담임 선생님을 또렷이 기억하는 것처럼 우리 한빛이에게도 선생님이 마음속 커다란 나무로 새겨질 것입니다.

두서없는 글 읽어 주셔서 감사드립니다. 선생님 가정과 1학년 4반 가족 모두에게 웃음만이 가득한 한 해가 되기를 바라며 이만 줄입니다.

2006년 5월 14일 정한빛 아버지 올림

아아, 한빛이 아버지. 입학식 날 유난히 눈에 띄었지. 입학식을 하고 있는 동안에 여기저기서 학부모들이 아이들에게 카메라를 들이대고 사진을 찍어 대는데도 한빛이 아버지는 끝까지 귀 기울여서 교장 선생님 말씀을 듣고, 운영위원장 축사니 뭐니 하나도 흘려듣지 않았다.

교실에 와서도 아이들과 어머니, 아버지들께 전하는 말 한마디 한마디를 끝까지 고개를 끄덕이면서 들어 주었다. 모두들 교실 뒤쪽에 서서 자기 아이들한테 손짓을 하거나 눈을 찡긋거려 아이들을 흩뜨려 놓을 때도, 한빛이 아버지는 얼굴에 환한 웃음을 머금고 듣고만 있었다. 일터에서 일하다 바로 왔던지 아래위로 붙은 회색 작업복을 입은 채로 그렇게 귀 기울여 들어 주었다.

입학식 일정이 끝나자, 인사를 꾸벅하고 아이를 데려갔다. 아이 손을 잡고 걸어가는 뒷모습을 보면서 기분이 좋았던 건 그 밝은 웃음 때문이었을까. 군데군데 기름이 꺼멓게 묻은 작업복 차림 그대로 와서 아이 입학식을 보고 또 바쁘게 일터로 가는 그 걸음 때문이었을까.

1학년은 급식을 하지 않던 3월 어느 날, 아이들을 데려다 주고 올라와서 막 자리에 앉으려는데 한빛이 아버지가 숨을 몰아쉬며 들어섰다.

"아이구, 우얀 일이십니꺼?"

"한빛이 글마가 방과 후 교실에 간다고 밥도 묵으러 안 오고 논다 캐서⋯⋯."

우리 학교에는 저소득층 자녀와 맞벌이 부부 자녀를 위한 방과 후 보육 교실이 있다. 우리 반 동무 서넛이 거기서 오후 시간을 보내는데 한빛이도 거길 따라간 모양이다. 은박지에 싼 김밥 두 줄을 내밀었다. 기계를 만지다 왔는지 손에 기름이 꺼멓게 묻었다.

"아이구, 일하시다가 이래 또 바쁘게 올라오셨네예."

"회사도 점심시간이라서, 퍼뜩 왔다 갈 끼라고 손도 못 씻고 왔더마는⋯⋯."

얼른 손가락을 오그려 모은다.

"자슥이 밥도 안 묵고 있는데, 목구멍에 밥이 넘어가야지예."

그러면서 환하게 웃는데 웃음이 참 맑다.

그 뒤로 한빛이 아버지를 한 번 더 볼 수 있었다. 3월 말에 1학년 학부모 연수회를 한다고 어머니들이 모였을 때, 그날도 한빛이 아버지는 기름때 묻은 그 회색 작업복을 입고 부랴부랴 달려왔다. 한빛이 아버지 혼자만 남자였다. 한빛이 책상에 앉아 열심히 고개를 끄덕이며 듣고는 마치자마자 또 바삐 나갔다.

"아아 학교에 간다고 윗분한테 말했더마는 금방 갔다 오라고 해서
예. 어찌나 고맙던지예."

그러면서 활짝 웃는데 아기들 웃음처럼 밝았다. 그날 알았다. 한
빛이 어머니는 베트남에서 시집왔다고 했다.

오늘 이 편지를 받고 보니 우리 한빛이가 받아쓰기 한 개를 맞아
도, 여섯 개를 맞아도 늘 환하게 웃을 수 있는 까닭을 알겠다. 한빛
이 웃음은 정말 '백만 불짜리' 웃음이다. 아니, 백만 불을 준다고 어
떻게 그런 웃음을 웃을 수 있을까? 잔뜩 짜증이 나 있다가도 한빛이
웃는 모습을 보면 나는 스르르 녹아내린다. 어린 아기 때 웃던 그 맑
고 환한 웃음을 아직도 가지고 있는 아이. 늘 입가에 웃음이 묻어나
는 아이. 얼굴은 까맣고, 눈에 띄게 부티가 흐르지도 않고, 말도 잘
못하지만 그 웃는 얼굴 하나로 내 마음을 사로잡는 아이.

한빛이를 볼 때마다 '아이를 어떻게 키우면 저렇게 환히 웃게 키
울까?' 싶었다. 오늘 한빛이 아버지가 보내 준 편지를 손에 들고,
그동안 보아 온 한빛이 아버지를 떠올려 보니 답이 거기 있다.

권정생 선생님과 함께하는 하루

금요일, 오늘 아침은 저마다 읽고 싶은 책을 마음껏 읽는 날이다. 방송 조례도, 영어 방송도 하지 않는 날이라 아침에 오면 제법 책 읽을 시간이 길다. 빨리 읽는 아이들은 그림책을 몇 번이나 바꿔 들고 들어간다. 아이들이 책을 읽고 있는 동안에 나도 책을 찾아 든다.

권정생 선생님의 《훨훨 날아간다》를 꺼내 들었다. 책을 펴 들면서 아이들을 둘러보니 바르게 앉아서 제대로 책을 보는 아이들이 없다. 교실 바닥 가운데에 척 드러누워 책을 높이 들고 보는 아이, 배를 깔고 엎드려 두 다리를 위로 들고 얄랑얄랑 흔들면서 손가락으로 한 줄 한 줄 짚어 가며 소리 내어 읽는 아이, 걸상에 앉아 책상에 머리를 박고 옆눈을 뜨고 읽는 아이, 책을 읽는 모습도 얼굴들만큼이나 다 다르다. 남주는 그림만 보고 슬슬 넘기더니 또 다른 책을 가지러 간다.

"쌤, 난 벌써 네 권 읽었어요."

아는 글자보다 모르는 글자가 더 많은 남주다. 책에 있는 그림이라도 재미있게 보고, 아는 글자가 하나라도 나오면 반갑게 읽으니 고맙다.

상욱이는 벌써 책을 다 읽었는지 볼 때마다 책꽂이 앞에 서 있다. 창틀에 기대어 비스듬히 서서 제 동무들이 골라 가는 책마다 일일이 거들고 나선다.

"그 책 억수로 재미있대이. 내 그거 벌써 다 읽었다."

"아아, 《똥떡》 그거 재미있대이. 빨리 가서 봐라."

"니 이 《강아지똥》 읽어 봤나? 이거, 이거 《강아지똥》 읽어라. 우리 엄마가 그거 좋다 하더라."

책 이야기라면 민석이도 한몫한다.

"나도 《강아지똥》 읽었다. 나중에 민들레를 피게 한다 아이가. 그라면 니는 《비나리 달이네 집》 읽었나?"

책 읽는 것을 좋아하는 민석이는 그저께 소개해 준 책을 벌써 다 읽은 모양이다.

거들고 나서기로 치면 목소리 큰 기창이도 빠질 수 없지.

"너거들, 《까마귀 소년》 읽었나?"

"아니."

"그것도 안 읽었나? 그거 읽으면 슬프대이."

"왜?"

"아이들이 안 놀아 주거든. 그런데 그 아이는 까마귀 소리 억수로 잘 낸대이."

책꽂이 앞에서 떠들어 대는 이 녀석들 때문에 한 떼가 우르르 몰려간다. 늘 그 자리에 있던 것들인데, 뭐 새로울 게 있다고 녀석들이 말하는 책마다 이것저것 들추면서 교실이 시끄러워졌다. 제자리로 가서 책 읽으라고 한마디 하려다 그만두고 책을 펴 든다. 그 틈에 어느새 보았는지 주은이가 말을 건다.

"아이들이 너무 시끄럽지요?"

"응, 그러네."

다시 책을 본다. 벌써 십 년이 되어 가는 책이다. 표지가 허옇게 피어서 그림도 흐릿하다. 책등은 몇 번이나 테이프로 붙였다. 오늘은 이 낡은 책이 예사롭지가 않다. 겉장부터 한 장, 한 장 넘기면서 쓰다듬어 보고 또 맨 뒤를 넘겨서 본다.

"선생님, 아이들이 많이 돌아다니지요?"

"으응, 그러네."

주은이가 또 말을 건다. 아이들이 시끄러운데도, 여기저기 돌아다니는데도, 암말 않고 책만 만지작거리고 있으니 이상한가 보다. 옆에 있던 승하도 민지도 책을 덮고 빤히 보더니, 슬슬 관심을 기울인다.

"그 책 무슨 책이에요?"

별 대답이 없자 못 참겠는지 이젠 옆으로 슬며시 다가온다.

"어어, 《훨훨 날아간다》네. 우리 그거 읽었잖아요?"

"'예끼, 이놈!' 나오는 거 맞죠?"

"그래 맞다. 알겠나?"

"예, 이야기 한 자리 좋아하는 할아버지도 나오잖아요."

"'쿡 찍어 먹는다 놀이'도 했잖아요."

서넛이 옆에 오는가 싶더니 하나둘씩 모여들어, 아예 책을 뺏을 듯이 아는 척 해 댄다. 에구구, 그만 틀렸다. 오늘은 아이들한테 뭐라 하지도 않고, 아이들한테서 조금 자유롭게 조용히 혼자 생각에 빠져 보고 싶었는데.

'조용히는 무슨 조용히. 이 녀석들을 앞에 두고 조용히라니.'

포기하고 아이들을 둘러보는데 그래도 얼굴은 펴지지 않는 모양이다. 눈치 빠른 주은이가 또 나선다.

"선생님, 울었어요?"

"아니. 왜?"

"울은 것 같아서요."

"안 울었는데 ……."

"선생님, 슬픈 일이 있었어요?"

여학생들을 곰살맞게 잘 챙기고 남의 기분에 민감한 기원이다.

"슬픈 것 같아?"

"예, 많이 슬펐던 것 같아요."

"너거들 귀신이네. 우예 말 안 해도 그렇게 잘 알지? 뭘 보니까 내가 슬픈 것 같노?"

"말을 안 하잖아요."

"우리가 시끄러운데 야단도 안 치잖아요."

"눈에 물이 좀 있는 거 같아요."

"힘이 별로 없네요."

"맞다 맞아, 너거들이 내 맘을 알아주니까 참 좋다. 너거가 그래 말해 주니까 내 인자 안 슬프다. 고마 자리로 가서 앉지?"

내가 좀 슬퍼 보여서 그런가? 단 한 번에 모두들 돌아가 자리에 앉는다. 이러는 녀석들을 보니 이때까지 참았던 눈물이 나오려고 한다. 얼른 고개를 숙이고 책상 위에 놓아둔 책을 보는 척 한다. 그러잖아도 낡은 책인데다 그렁그렁 눈물까지 고여, 그림이 풀어져 보인다. 보는 둥 마는 둥 슬렁슬렁 넘긴다.

"선생님, 그 책 좋아해요?"

"응."

"아까부터 그 책만 보네요."

"응. 그런데 너거는 책 안 읽나? 왜 내만 보노?"

"선생님이 슬프니까요. 왜 그렇게 슬퍼요?"

이래 가지고는 조용히 하라고 한들, 공부하라고 한들 이야기가 딴 데로 샐 게 뻔하다. 차라리 내 맘을 좀 보여 주고, 첫 시간은 권정생 선생님 이야기나 해야지. 오늘 시간표를 봐도 그리 빡빡한 날은 아니다. 두 시간은 식구들과 즐거웠던 일 그리기, 《슬기로운 생활》 병원놀이 한 시간, 이야기 귀담아듣기 한 시간, 특별활동 한 시간. 공부를 조금 바꿔서 해도 아주 바쁠 건 없겠다.

'그래 뭐어, 오늘은 권정생 선생님 특집이다.'

"너거들 이 책 쓴 선생님이 누구라고 했는지 기억나나?"

"……."

"귀언 ……. 뭐더라?"

칠판에다 '권정'까지 쓰니까 그제서야 여기저기서 "생! 아아, 권정생요.", "권정생 맞지요?" 하고 난리다.

"그래, 알고 있네?"

지난주에 '흉내 내는 말' 공부할 때 《훨훨 날아간다》를 읽고 재미있게 놀이도 하고 권정생 선생님 이야기도 잠깐 들려주었는데, 선생님을 그렇게라도 기억해 주니 고맙다.

1학년이랑 '흉내 내는 말' 공부를 할 때면, 교과서는 밀쳐 두고 《훨훨 날아간다》와 《심심해서 그랬어》를 함께 들고 할 때가 많다. 《심심해서 그랬어》는 교과서에도 한 부분이 실려 있어서 수업할 때 원문도 함께 보려고 곁에 두고 쓰는 책이다. 다 함께 토끼가 되어 깡

충깡충 뛰어 보기도 하고 소가 되어 겅중겅중 달려 보기도 한다. 볶은 콩을 오물오물 맛있게 먹기도 하고 점심시간에는 상추 쌈을 싸서 우적우적 씹어 보기도 한다.

《훨훨 날아간다》는 십 년도 더 된 옛날에 만난 책이다. 《심심해서 그랬어》를 만나기 전부터 즐겨 쓰던 책이지. 어릴 때 우리 할머니가 "이야기 한 자리 해 주면 자야 된대이." 하시더니. 그래서 그런지 '한 자리'라는 말이 더욱 정겹다. 베 한 필로 이야기 한 자리를 바꿔 오라는 할머니와 할아버지가 들려주는 이야기 소리에 지레 겁을 먹고 달아나는 도둑. 그 도둑이 훔쳐간 것이 부뚜막 위에 있던 누룽지 한 덩어리라니. 이 이야기 속에는 우리 아이들을 즐겁게 하는 것이 참 많다.

함께 책을 읽으면서, "훨훨 날아간다." 하면 훠이훠이 날갯짓을 하고, "기웃기웃거린다." 하면 목을 쭈욱 빼고 주억주억대고, "쿡 찍어 먹는다." 하면서 폴짝 뛰었다가 앉으면서 바닥을 콕 찍고, "예끼, 이놈!" 할 때는 모두들 목청껏 "예끼, 이놈!"을 외쳐 댄다.

싫증도 내지 않고 얼마나 여러 번 되풀이했던지. 다들 자기가 할아버지, 할머니가 되어서, 흉내 내는 말을 얼마나 즐겁고 재미있게 맛보았던가. 그런데 그 재미있는 책을 들고, 저희들 말로 '슬픈 얼굴'을 하고 있으니 달리 느껴지는 게 있는가?

"권정생 선생님 이야기 해 줄 거예요?" 한다.

"응. 오늘 우리 반 주인공은 권정생 선생님 하자."

"권정생 선생님 생일이에요?"

"돌아가셨지요? 우리 엄마가 텔레비전 보고 말해 줬어요."

민석이다.

"응, 어제 돌아가셨어. 그래서 오늘 우리 반 주인공 하고 싶어."

"선생님은 그 선생님 제자예요?"

"그래. 권정생 선생님은 우리 세상 사람들 모두 모두한테 큰 선생님이야."

"……."

"우리 세상 사람들한테 아주 아주 큰 가르침을 주고 가셨거든."

"그럼 노래도 불러야 돼요?"

"아니! 그 대신 오늘은 권정생 선생님 살아온 이야기를 들려줄게. 귀 기울여 잘 들어 주면 돼."

"선생님이 잘 알아요?"

"어."

"권정생 선생님 어머니한테 들어 봤어요?"

"권정생 선생님이 써 놓으신 글 보고 알았던 거야."

1학년 아이들이 알아들을까, 못 알아들으면 어쩌지 하는 마음이 들어도 그냥 모른 척 길게 이야기를 한다. 아이들에게 들려주고 싶은 것이 아니라 내게 하고 싶었던 말이었는지도 모르겠다. 지난번에 소개해 줬던 책들도 또 소개한다. 아이들도 잘은 모르지만 숙연하게 듣고 있는데, 갑자기 기원이가 그런다.

"권정생 선생님은 참 착하네요."

"어떻게 알았어?"

"자기도 가난하고 병들었다면서요. 그런데 남들 걱정도 해 주잖아요. 이 세상에 싸움이 있는 것도 싫어하고요."

왈칵 눈물이 난다.

"그러면 착한 거야?"

"착한 사람들은 싸움 싫어해요. 남들 걱정을 잘해요."

"권정생 선생님이 우리 할아버지 같아요."

권정생 선생님 돌아가신 소식 듣고 흐렸던 마음이 순식간에 환히 개는 것 같다.

"맞아. 그렇게 착한 선생님이 어제 돌아가셨어. 그래서 많이 슬펐거든. 오늘은 선생님이 주인공이니까 나는 오늘 하루 내내 선생님만 생각하고 싶어."

"우리는 뭐해요?"

"너거들? 그래, 오늘은 우리 모두 도서실에 가서 권정생 선생님이 우리에게 주신 선물들을 찾아보자."

아이들과 함께 도서실로 간다. 오늘따라 내가 걷는 모양대로 다 따라 한다. 살금살금 걸으면 저희들도 살금살금, 발끝을 들면 저희들도 발끝을 든다. 아침부터 내 마음이 우울한 걸 알고 배려해 주는 걸까. 어쨌든 아이들은 한 시간 동안 무슨 보물이라도 찾듯이 도서실을 샅샅이 뒤지면서 권정생 선생님 책을 찾고 있다. 한 시간 수업 40분. 어른들한테 40분은 짧은 시간일지 모른다. 그런데 5분도 가만히 있지를 않는 1학년 아이들이 그 긴 40분 동안 책을 찾느라 집중하는 모습이 또 감동스럽다. 한 권씩 두 권씩 책을 찾아 들고 오는 아이들 얼굴이 환히 빛나 보인다. 책상 위에 쌓아 두고 모두들 빙 둘러앉았다.

"와아, 많네."

"우리 억수로 잘 찾았지요?"

"응, 대단하다. 선생님이 주신 선물이 참 많지? 사실은 이것보다 훨씬 많아. 우리 학교 도서실에 아직 사 오지 못한 것도 있고, 형아들이 빌려간 것도 아마 좀 될걸."

"우리 이거 읽어도 돼요?"

"그럼! 오늘은 권정생 선생님이 주인공 하는 날이니까 이 책 읽고 싶은 사람은 다 읽으면 돼."

욕심을 부리는 녀석은 두 권을, 남주는 글자도 잘 모르면서 글자가 제일 많은 《몽실 언니》를 들고 간다. 《또야 너구리가 기운 바지를 입었어요》, 《오소리네 집 꽃밭》, 《황소 아저씨》, 《비나리 달이네 집》. 역시 1학년 우리 아이들은 그림책을 많이 가져간다. 《우리들의 하느님》을 보던 주난이는 글이 많아서 못 읽겠다고 도로 가지고 온다. 《몽실 언니》를 붙잡고 읽지도 못하고 있는 남주를 데리고 《강아지똥》을 읽어 주는데 아이들이 모여든다. 교실에서 다 함께 읽었던 책이건만 모두들 재미난 얼굴로 듣는다. 벌써 넷째 시간을 마치는 종이 울린다.

"집에 가서 읽고 와도 돼요?"

"그래, 집에서 읽고 식구들한테 말해 주고 오기. 오늘 숙제는 그거다."

"독서 공책에 없는 책도 〈한 줄 독후감〉에 써도 돼요?"

"그럼."

아이들이 주고 간 〈한 줄 독후감〉 공책을 보면서 또 코를 훌쩍거린다.

> 오소리 아줌마가 자기 동네가 모두 꽃밭이라고 알게 되어서 기뻐요. (주난)
> 하느님이 눈물을 안 흘릴라며 사람들이 착해야 돼요. (기원)

선생님 이제 울지 마세요. 권정생 선생님은 하느님 나라에 갔을 거예요. (주은)

민들레씨를 푸면 강아지똥은 귀한 거예요. 강아지똥도 좋아요. (지현)

권정생 선생님 집이 오소리네 동네에 이어서요? 두데기하고 있는 거 옆에도 다 꽃이 마나써요. (진희)

나도 권정생 선생님처럼 싸움이 없는 세상을 만들고 싶어요. (민석)

아이들과 함께 한 권정생 선생님의 날. 아이들 마음속에 깨알만큼이라도 그 평화의 싹이 자리를 잡았을까? 이것 또한 내 욕심일까?

내 동무 해 줘서 고마워

"남생아 놀아라."

"촐래촐래가 잘 논다."

첫 시간에 노래를 배운다. 내가 앞소리를 하면 아이들이 뒷소리를 한다. 그다음은 아이들이 돌아가면서 앞소리를 지어내면 내가 받아서 뒷소리를 이어 간다.

다음 날 둘째 시간. 내가 북 치면서 소리하면 장단 맞춰 춤을 춘다. 다 같이 손을 잡고 둥글게 섰다. 하은이는 짝지 소맷자락만 두 손가락으로 겨우 잡았다. 동그라미 끊어지지 않게 꼭 잡으라고 해도 소맷자락을 잡은 두 손가락만 꼬물거리고 만다.

"노란색 나와라."

"촐래촐래가 잘 논다."

처음에는 선뜻 앞으로 나서지 못하고 옆에 동무를 흘깃거리며 망설이더니, 한 아이가 먼저 나서자 여기저기서 뒤따라 나온다.

"빨간 양말 나와라."

"촐래촐래가 잘 논다."

"파란 바지 나와라."

"촐래촐래가 잘 논다."

그런데 웬걸, 서너 번 하고 나니 양말에 빨간 점만 있어도 나오고 바지에 파란 줄 한 줄만 있어도 뛰어나와 엉덩이를 씰룩거린다. 몇 번 부르다가 살짝 바꿨다.

"지렁이 나와라."

동그라미 한가운데로 뛰쳐나와 맘껏 흔드는 재미에 맛들인 아이들이 서로서로 얼굴을 보며 머뭇거린다. 그것도 잠깐이다.

"꿈틀꿈틀 잘 논다."

바닥에 납작하게 엎드려서 꿈틀댄다. 지렁이 흉내가 정말 기가 막힌다.

"고양이 나와라."

"냐옹냐옹 잘 논다."

고양이 스무 마리를 풀어놓은 듯하다.

"콩벌레 나와라."

"똥글똥글 잘 논다."

머리를 집어넣고 온몸을 콩처럼 동그랗게 만든 아이들이 교실 바닥을 굴러다닌다. 콩 한 줌을 굴려 놓은 것 같다.

"파리 나와라, 캥거루 나와라, ……."

그만 밑천이 떨어졌다. 북 치랴, 아이들 보고 웃으랴, 앞소리 지어낼 박자를 자꾸 놓치는 거다.

"안 되겠어. 인자부터 돌아가면서 앞소리 지어내는 거다."

하은이부터 시작한다.

"머리띠 나와라."

"촐래촐래가 잘 논다."

오른쪽으로 돌아가면서 목이 쉬도록 외친다.

"청바지 나와라."

"고양이 좋아하면 나와라."

"지우개 있으면 나와라."

엉덩이를 삐죽삐죽, 어깨를 들썩들썩, 머리를 뱅글뱅글. 쉴 새 없이 달려 나와 흔들어 댄다.

"까만색 나와라."

"촐래촐래가 잘 논다."

흥에 겨워 신이 난 아이들은 머리 흔들고 궁둥이 흔들고, 이제 앞소리가 무엇이든 다 나가 흔든다. 그런데 성민이가 갑자기 뭐라고 한다.

"한빛이, 니 까만색 없다 아이가?"

앞소리 끝나기 무섭게 달려 나가던 아이들이 순식간에 조용해졌다. 성민이를 물끄러미 보고 있던 한빛이가 당당하게 말한다.

"내 머리 까만색 맞다 아이가?"

"맞네, 까만색 맞네."

다른 아이들도 다들 제 머리를 만져 보면서 한빛이 편을 들어준다. 성민이도 한빛이도 나를 올려다본다. 나는 그냥 웃으면서 북장단만 자꾸 친다. 내가 별말이 없자, 흥이 오른 아이들은 오만 데 다 나가서 흔든다.

"……."

아이들도 앞소리가 바닥났는지 멈췄다. 북장단을 치면서 내가 하나 부른다.

"김씨는 나와라."

"촐래촐래가 잘 논다."

다음 아이부터 줄줄이 동무들 성을 부른다.

"박씨는 나와라."

"이씨는 나와라."

"권씨도 나와라."

보빈이 혼자 나와 콩콩콩 뛰고 들어간다. 성씨도 끝이 났다.

"밥 잘 묵으면 나와라."

"김치 잘 묵으면 나와라."

김치를 입에 넣고 삼키지 않고 웩웩거리는 동기도 나와서 춤을 춘다. 아마 앞으로는 점심시간에 김치를 한 조각이라도 먹겠지.

"……."

앞소리가 바닥났는지 한 아이씩 간당간당 이어 나간다. 아아, 그래도 "촐래촐래가 잘 논다."는 힘차게 신나게 잘 논다. 간당간당 겨우 이어 가던 앞소리가 정말 바닥이 났는가, 상훈이한테 멈추었다. "덩 쿵 쿵더쿵" 북장단을 몇 번이나 칠 때까지 안 나온다.

"자아, 한 번 더."

"덩 쿵 쿵더쿵" 장단를 한 번 더 치는데, 달막달막대던 상훈이가 "대한민국 나와라." 한다. 상훈이 입만 보고 기다리던 아이들이 교실이 떠나갈 듯이 "촐래촐래가 잘 논다."를 외치며 모두 동그라미 안으로 뛰어들어 가서 춤을 춘다. 북을 치면서 깜짝 놀랬다. 놀랍고 흥도 난다.

나도 상훈이를 따라서 "대한민국 나와라."를 서너 번이나 되풀이해 앞소리를 한다. 짝지 소맷자락만 겨우 잡던 하은이도 언제부터인지 제 짝 지원이 손을 꼭 잡고 돈다.

"촐래촐래가 잘 논다."

아이들은 인제 신들린 듯하다.

"신평 초등학교 나와라."

"일학년 나와라."

"사반 나와라."

모두들 한꺼번에 다 나가 흔들어 댄다. 갑자기 좋은 생각이 났다.

"대경이 동무 나와라."

우리 4반이 모두 다 뛰어나온다. 모두 다 대경이 동무가 맞다.

"홍대 동무 나와라."

모두 다 나와서 춤춘다. 또 앞소리를 조금 바꾼다.

"상훈이 좋아하면 나와라."

주먹이 세서 늘 주먹부터 나가는 상훈이지만, 이 시간에는 상훈이도, 맞은 아이들도 함께 서로 좋아 신나게 춤을 춘다.

"연희 좋아하면 나와라."

연희가 맨날맨날 놀린다고 일러 주던 아이들도 까맣게 잊고 연희랑 춤을 춘다.

"지원이 좋아하면 나와라."

또 아이들이 우르르 나와서 춤을 춘다. 동무를 잘 못 사귀고 늘 혼자서 책만 펴 들고 앉아 있던 지원이다.

앞소리에 지원이는 춤도 추다 말고 아이들을 바라본다. 아이들이 모두 다 달려 나와 춤을 추자 그제야 활짝 웃는다. 입이 귀에 걸렸다.

모두 돌아가면서 한 아이씩 이름 불러 주랴, 한데 어우러져 춤에 빠진 아이들 보고 배 아프게 웃으랴, 나도 춤추고 싶지, 장단도 놓쳐 버렸다. "덩 쿵 쿵더쿵" 이거는 뭐하러, 그냥 마구잡이로 내 맘대로 치면서 아이들 속에 묻혀서 덩실덩실 춤을 춘다.

북장단을 치면서 나도 모르게 자꾸 올라가는 목소리를 어찌하지 못하고 소리 질러 댔더니 목이 칼칼해서 점심시간에는 밥도 잘 넘어가지 않는다. 그래도 자꾸 실실 웃음이 나온다. 오랜만에 땀까지 흘리며 어우러지던 춤마당이었다. 뜬금없이 정말 이대로 아이들을 모두 끌어안고 한 이불 덮고 자고 싶다.

아아, 그런데 열흘이 좀 더 지났을까. 지원이가 편지를 준다. 그 전날 카드를 만들어 줬더니 답장인가 보다. 알림장 세 줄을 보고 적는 데도 오래오래 걸리는 지원이가 이 편지를 쓰자면 얼마나 힘들게 오랫동안 썼을까 싶으니 편지를 읽기도 전에 울컥한다.

> 선생님 나는 대한민국이 조와요. 신평초등도 조코요. 또 지원이 동무도 조와요. 지원이 조아하면 나와라도 조와요. 나는 그건때 지원이 조아하면 나오라 할 때 아이들이 다 와서 춤쳐서 기분이 엄청 조아서요. 아이들이 내 안 조타고 춤 안 출 줄 아라써요. 그런데 아이들이 춤추니까 나도 아이들 사랑하게 돼써요. 나는 우리 4반 조와요. 박선미 선생님도 좋아요. 나는 날마다날마다 남생아 놀아라 하면 좋겠어요. 나도 동무들 다 좋아하게서요. 나도 다 나가서 춤출 거에요. 나도 동무 다 조아할 거에요. 사랑해요 선생님. 동무들아 내 동무 해 줘서 고마워요.

지원이 편지를 읽으면서 눈두덩을 꾹꾹 누르는데 아이들이 우르르 모여든다.

"선생님, 왜 울어요?"

"너무 좋아서."

"편지 읽어 주세요."

"지원아, 읽어도 되나?"

지원이가 아무 말도 안 한다. 아이들을 조용히 앉히고 편지를 읽는다. 지원이는 쑥스러운 듯 고개를 외로 꼬고 앉았다. 아이들은 지원이를 보면서 빙긋이 웃는다. 교실이 잔잔해지는 것이 꿈을 꾸고 있는 것 같다.

"나도 글 쓸 줄 알면 편지 쓸 텐데."

편지를 접어서 봉투에 넣는데 정민이가 한마디 한다.

"우리 '남생아 놀아라' 한 번 더 하까?"

"예에!"

수학 시간이면 뭐 어때? 큰북은 없고 소고를 꺼내 들었다. 춤추는 아이들이 더욱 사랑스럽다. 몇 판 놀고 자리에 앉으면서 아이들이 소곤거린다.

"진짜 재미있제?"

"응."

"날마다 하고 싶다."

"나도."

내한테 글자 물어 봐라.
내가 딱 말해 주께!

일기 쓰기 시작한 것도 보름 남짓밖에 안 되었다.
그런 아이들이 맛보기 글을 읽고 이야기를 나누고
우리도 이 글처럼 보고들은 것을 써 보자 한다고,
어찌 그리 고개 푹 숙이고 오랫동안 글을 쓸 수 있는지.
연필을 삐뚤게 잡았건, 왼손으로 쓰건, 옆으로 반쯤 누워 쓰건
모두 다 예쁘고 아름다운 그림처럼 가슴을 울린다.

도벽 아니거든예!

아침 활동 시간에 어제 못다 접은 딸기를 접는다. 아이들한테 딸기 접기는 아직 너무 어렵다. 첫날은 색종이에 보풀이 나서 허연 가루가 일 때까지 접었다 폈다 열심이더니 이젠 아예 포기하고 자리로 돌아가 버리는 녀석들이 나온다.

갑자기 "와앙!" 울음이 터진다. 아이들도 나도 모두 고개를 들어 우는 쪽을 보니 앞뒤로 앉은 주연이, 주은이 둘 다 울고 있다. 아이들이 조물거리던 색종이를 팽개치고 우르르 몰려간다.

어느새 아이들은 예닐곱씩 나뉘어 주연이와 주은이를 둘러싸고는 "뭔데?", "왜 그라는데?" 하고 물어 댄다. 모두 저희들한테로 몰려오니 둘은 더 서럽게 운다. 빙 둘러서서 호들갑을 떨어 대는 아이들한테서 우선 둘을 떼어내야겠다.

"주은이, 주연이 이리 와 보세요."

"왜? 아까 보니 둘이 잘 놀고 있는 것 같더니."

"이거요, 내 건데 주은이가 자꾸 달라고 했어요."

주연이가 말도 채 맺지 못하고 운다.

"주은이는 왜 주연이 걸 달라고 해?"

"아니예요. 내 거예요. 원래부터 내 건데. 아까 내 필통에 있었단 말이에요. 흐윽."

울먹이면서 말을 하더니 더 북받쳐 오르는지 눈물을 방울방울 떨어뜨리며 흐느낀다.

"뭔데? 어데 한번 보자."

아기 주먹만 한 분홍색 사랑표 방울이다. 아크릴로 만든 건지 무겁지도 않으면서 보석같이 반짝거리는 게 여자 아이들이 좋아할 만하다.

"그거 주은이 거 맞아요. 주은이가 전에 내한테도 보여 줬어요."

옆에 있던 아이들이 거든다.

"아이다. 나도 엄마가 사 줬다. 내가 이런 거 좋아한다고 엄마가 이거 어젯밤에 샀다."

주연이가 아이들을 돌아보며 억울해 한다.

"니이 어제 주은이 거 이거 들고 놀았다 아이가?"

"엄마가 내가 이거 좋아한다고 사 준다고 했단 말이에요."

"엄마가 사 준다고 했어? 그래 샀어?"

"예, 어젯밤에 사 준다고 했어요."

주연이 말이 조금 꼬이긴 하지만 그렇다고 주연이가 거짓말을 한다고 보기엔 너무 서럽게 운다.

"그거 주연이 거 아닐걸요. 주연이가 주은이 거 뺏은 거예요."

"민석이가 봤어?"

"아니요. 뺏는 건 못 봤지만 그거 주은이 것 맞아요."

"주연이는 전에도 다른 사람 것 뺏어 갔어요."

민석이 말에 아이들이 너도나도 주연이를 쳐다보고 뭐라뭐라 한다. 이러다가 주연이한테 더 심한 말도 나올 판이다.

"분명히 본 것도 아니면서 그렇게 짐작해서 말하면 안 돼. 그리고 주연이 엄마가 사 주셨다고 하잖아요? 두 사람 중에 한 사람 거는 집에 가 보면 있을지 몰라. 그러니까 함부로 말하면 안 돼요."

우선은 술렁대는 아이들을 그렇게 다독여 놓지만 아아, 이럴 때는 나이든 나도 참, 방법을 모르겠다. 둘 다 자기 것이라고 우기는데 둘이 하는 말을 들어 봐도 정말 누가 거짓말을 하는 건지 모르겠다. 조금 미심쩍은 것이 보이긴 하지만 그걸로 함부로 판단할 일도 아니다. 어떻든 둘을 좀 달래고, 시간이 조금 지난 뒤에 다시 이야기를 해 보아야겠다 싶다.

"안 되겠다. 주연이도 새로 샀다고 했지? 그런데 집에 두고 그냥 왔을지 모르니까 주연이는 집에 가서 한 번 더 찾아봐."

"주은이도 혹시 집에 있을지 모르겠다. 집에 가서 한 번 더 찾아 봐. 이거는 내일까지 내가 가지고 있을게. 두 사람 중에 한 사람은 모르고 집에 놔 두고 온 것 같다."

아이들을 자리로 돌아가게 하고, 번쩍거리는 방울을 손바닥에 놓고 들여다보아도 누구 것인지 알 수가 없다. 어젯밤에 산 것이라면 새것이겠지? 그런데 이리저리 살펴봐도 딱히 새것인지 헌것인지 알수가 없다. 방울을 책상 서랍에 넣으면서, 아직도 주연이를 보고 술렁대는 아이들에게 들리도록 큰 소리로 한 번 더 말한다.

"주연이랑 주은이는 집에 있는지 잘 찾아보고, 있으면 가져와. 똑같이 생겼으니까 두 사람이 헷갈리는 모양이야."

다음 날, 학부모 참관 수업에다 학부모 총회를 하는 날이라 아침부터 바빠서 이야기할 여유가 없다. 내일로 넘겨야 하나 어쩌나 하면서 셋째 시간 학부모 참관 수업을 한다. 여러 가지 탈것에 대해 아이들이랑 이야기를 나누고 있는데, 주연이가 분홍색 사랑표 방울을 손에 들고 달랑달랑 흔들고 있다.

'집에 있었던 모양이네. 어쨌든 쉽게 해결돼서 다행이야.' 싶어 마음이 좀 가벼워진다. 학부모 총회를 마치고 모두들 돌아가고 나서 '아차, 여기 있는 건 주은이한테 돌려줘야 하는데.' 싶어 책상 서랍을 열어 보니 아이들이 들고 싸우던 방울이 없다.

'그럼, 아까 그것이 서랍 속에 있던 거란 말인가? 그렇다면 주연이가 나 모르게 꺼내 갔던가? 언제? 아니지, 주연이는 제 것을 찾았으니 주은이가 꺼내 갔는가?'

가벼워졌던 마음이 또 복잡해지기 시작한다. 오래 끌 일이 아닌데 아이들은 가 버렸고. 그렇게 하루가 지나고 다음 날 아침에 학교에 오자마자 또 마음이 복잡해진다. 아이들을 보내고 둘만 따로 남겨서 얘기를 해야 하나? 수업 마치자마자 학원 차가 기다리고 있으니 오래 남겨 둘 수도 없는데 쉬는 시간에 해야 하나? 그러자면 온통 아이들이 달라붙어 우리끼리 조용히 얘기할 수도 없을 텐데. 그러다 보면 이 녀석 저 녀석 하는 말에 주연이, 주은이가 상처받을지도 모르는데. 천둥벌거숭이 같은 이 녀석들만 교실에 두고 어디 조용한 데로 데려가서 얘기할 수도 없고.

머릿속만 어지러운 채로 아이들과 마지막 시간 수업을 마치려는데 주연이 어머니가 오셨다. 때마침 주연이 어머니가 와 주신 게 반갑다. 아이들을 건널목까지 건네주고 교실로 올라오니 주연이 어머니는 교실 청소를 하고 계신다.

"아이구, 안 하다가 하면 힘듭니더. 늘 하던 사람은 대충 쓱쓱 하면 쉽게 끝납니더."

빗자루를 들고 너스레를 떠는데 주연이 어머니가 갑자기 목멘 소리로 말을 쏟아 낸다.

"선생님, 주연이가, 저어 전에 안 하던 버릇이 생긴 것 같아서예……. 거짓말도 잘하고예. 도벽도 있는 것 같고예."

도벽이라는 말에 깜짝 놀랐다. 이제 막 입학한 주연이한테 도벽이라니.

"어머니, 무슨 그런 심한 말씀을. 도벽이라니요?"

"지난주에는 못 보던 샤프연필을 들고 와서 친구가 주더라고 해서 그런가 했거든예. 그저께는 또 무슨 필통을 들고 와서 친구가 줬다 하고예. 좀 이상하다 싶어서 자꾸 물으니까 너무 예뻐서 그냥 갖고 왔다 안 합니꺼. 학교 가서 꼭 돌려줘라 했는데, 어제 수업

참관 와서 책상 안에 보니까 안 주고 그냥 가지고 있네예. 유치원 때는 이런 일 없었는데 와 이런 도벽이 생기는 겁니꺼?"

주연이 어머니는 스스로 복받쳐서 흐느끼기 시작한다.

"어머니, 마음 가라앉히고예. 너무 과민한 거 같습니더. 인자 일 학년짜리 얼라한테 도벽이 뭡니꺼. 어머니가 말을 좀 가려서 하셔야겠어예. 어머니 입에서 어쩌면 그렇게 거침없이 도벽이란 말이 나옵니꺼?"

우는 사람을 달랜다는 것이, 말을 시작하자 나도 모르게 어머니를 나무라는 말부터 하고 있다. 며칠 동안 우리 반 어린 아이들이 혹시나 주연이한테 상처줄까 봐 이야기하기 좋은 시간을 찾고, 어떻게 이 아이 마음을 헤아려 볼까, 어떻게 다독여 줄까 고민하고 있다가 어머니가 먼저 오셔서 이야기를 하자 할 때는 사실 반가웠는데, 그런데 이야기를 시작하자마자 내가 먼저 마구 화를 내고 있다.

화를 내는 선생이 어려운지, 아니면 자기 말에 화를 내는 게 뜻밖인지, 주연이 어머니는 눈물을 닦고는 눈도 마주치지 않고 고개를 비틀고 앉아 있다. 손을 내밀어 주연이 어머니 두 손을 잡았다.

"어머니, 한마디 말이 힘과 희망을 주기도 하고 서로를 따뜻하게 이어 주기도 합니다만 또 말처럼 무서운 것도 없다고 생각합니더. 그저 쉽게 하는 말 한마디가 얼마나 깊은 상처를 줄지 아무도 모릅니더. 우리 주연이, 그 어리고 여린 아이. 어짜든지 마음 안 다치게, 이 일이 있었는지 없었는지 그것조차 남아 있지 않게 살짝 건너가게 하고 싶거든예. 그렇다고 잘못하고 있는 걸 덮어 두자는 것이 아닙니더. 자라면서 겪을 수 있는 일을 잘 이끌어 줘서 바른 길로 손잡고 가야지예. 그런데 저는 저 어린 마음에 도벽이라든가, 그런 굴레 씌워 주고 싶지 않거든예."

내 마음이 전해졌는지 아닌지 모른다. 주연이 어머니는 그저 고개만 푹 숙이고 어깨만 들썩이더니,

"선생님, 전들 와 안 그렇겠습니꺼? 주연이한테 그런 손버릇이 굳어질까 봐 걱정되서 한 말이지예."

"손버릇도 아입니더. 유치원을 마치고 환경이 바뀌면서 잠깐 생기는 일일 수도 있습니더. 유치원에서는 혼자만 사서 쓰는 것은 별로 없고 모두 함께 쓰는 것들이잖아예? 그런데 학교에 입학하면서 필통이며 장난감이며 예쁜 학용품들을 사서 가지고 다니니까, 주연이가 생전 처음 보는 것들이 눈에 많이 띄니까 마음이 안 흔들렸겠습니꺼? 또 지금까지 자기 노력으로 사서 쓰는 것이 아니라 부모님이나 어른들한테 그저 받아서 썼잖아요? 그러니 동무들 것도

그저 가져다 쓰면 되는가 뭐어 그 정도로 생각할 수도 있을 때라고 생각합니다. 그런데 어머니께서 그렇게 막다르게 생각하시면 주연이한테 말씀을 하셔도 가슴에 박힐 말을 하게 되고, 그러다 보면 돌이킬 수 없는 상처를 줄지도 모릅니다."

주연이 어머니는 내게 두 손을 맡긴 채 고개만 숙이고 있다.

"이런 일을 한두 번만 겪고 주연이가 싹 나아질 수도 있고, 이런 혼란을 몇 번이나 더 겪을 수도 있습니다. 생각하고 싶지는 않지만 더 오랫동안 갈 수도 있겠지예. 어머니께서 그걸 두려워해서 이렇게 의논하러 오셨다는 걸 압니다. 그렇게 가도록 그냥 보고만 있어서는 안 되고 말고예. 이래 먼저 의논을 해 주시니 고맙고 고맙습니다. 어머니와 제가 이렇게 한마음으로 주연이를 걱정하는데 우리 주연이 흔들린 마음 금방 제자리 찾습니다. 어머니께서 조금만 여유를 찾으세요. 어쩌다 다른 아이 물건을 가져오거나 또 몇 번 훔쳤다고 해서 너무 모질게 꾸짖으면 오히려 역효과가 나서 불안감만 더해 줄 수도 있거든예. 잘못을 짚어 주되 친절한 말투로 꾸짖는 것이 좋겠지예. 그리고 주연이가 무엇을 간절하게 원하는지 알아주는 것도 중요하다고 생각합니다."

오랫동안 이야기를 하고 헤어지면서 나는 마음이 참 복잡했다. 주연이 어머니께 말은 그렇게 했지만 내일부터 우리 주연이와 또 우리 반 아이들과 함께 이 일을 어떻게 지혜롭게 풀어 나가야 할까? 우리 주연이 마음을 어떻게 붙잡아 줄까? 그것이 큰 숙제로 남아 있다.

주연이가 내 손을 꼭 잡는다

오늘 좀 늦었다. 아이들이 먼저 와서 교실 밖으로 소리 지르면서 뛰어다니지나 않나 모르겠다. 늦어서 이렇게 부랴부랴 뛰는 날은 숨차고 가슴도 콱 막히듯이 아프다. '아이구, 이놈의 층층대.' 층층대를 다 오르면 숨을 고를 틈도 없이 교실 문을 연다. 후들거리는 다리로 문에 몸을 맡기듯 기대면서 문을 여니 문도 "와라락" 열린다. 아참, 이렇게 "와라락" 하고 시끄럽게 문을 열면 또 민지가 "간이 쓰르륵 내려간다." 할 텐데…….

"와아! 선생님이다."

"선생님, 큰일 났어요."

예닐곱이 한꺼번에 달려든다. 문을 "와락" 열어서 미안하다 할 틈도 없다.

"왜? 무슨 일? 뭔 큰일?"

아이들이 빙 둘러서 있는 쪽을 본다. 둘러선 아이들 틈으로 주연이랑 민석이, 기원이가 보인다. 여럿이 한꺼번에 달려들어 매달리는 통에 치마가 빙글 돌아간다.

"어어어, 내 치마 벗겨지겠다. 이거 놓고, 숨 좀 돌리자. 내 지금 뛰어 올라왔더니 너무 숨이 찬다. 헥헥헥헥헥……."

일부러 좀 더 크게 헉헉거리면서 아이들이 모여 있는 곳을 휘이 둘러본다. 아이들이 주연이를 빙 둘러싸고 모여 있다. 주연이는 울었던지 눈가가 벌겋다. 가슴이 더럭 내려앉는다.

'주연이한테 또 무슨 일이 생겼나? 한 달 넘도록 아무 일 없이 잘 지냈는데. 그동안 주연이랑 이야기도 하고 다독거려 주고 주연이 잘하는 것 인정도 해 주고, 동무들이랑 즐겁게 지내게 챙겨 주고, 그런 노력들이 아무 소용없었단 말인가? 내가 잘못짚었단 말인가? 아직도 우리가 풀어내지 못한 그 무엇이 있을까? 나는 아직도 그걸 헤아리지 못하는 건가?'

지난번에 주연이 어머니랑 이야기하고 난 뒤로 나는 한동안 주연이한테만 매달리다시피 했다. 그날 한참 마주 앉아 이야기해 봐도 주연이 어머니는 너무 비관만 했다. 마치 못 볼 꼴을 다 본 듯이 절망하고 내 얘기는 들으려 하지도 않았다. 그 어떤 말도 들리지 않는다는 듯이 고개만 떨어뜨리고 있었다. 거기다 대고 나는 혼자 길게 마치 혼잣말처럼 한참 주절거렸다.

어느 날은 주연이하고 함께 색종이를 접으면서 이야기했다.

"주연이는 학교에 와서 달라진 게 뭐야?"

"으으음, 친구들이 억수로 많아요."

"유치원에도 친구가 많잖아."

"그런데요, 집에 갈 때도 친구하고 놀고요, 집에 가서도 친구하고 놀잖아요. 그래서 친구가 많아요."

"아아, 친구하고 오래 놀아서 좋겠구나. 친구들하고 놀면 재미있어?”

“그런데요, 기원이하고 승하하고는요, 내 말고 주은이를 더 좋아해요.”

“주연이보다 더? 왜 주은이를 더 좋아한다고 생각해?”

“주은이는요, 예쁜 것도 많이 갖고 있고요, 얼굴도 예쁘고요.”

그러고 보니 주은이는 그림을 그려도, 글을 읽어도, 모둠 활동을 해도 늘 돋보인다. 그래서그런지 주은이 둘레에는 동무들이 많다. 주연이는 그런 주은이가 부러웠을까.

오후 수업이 있는 금요일은 점심시간에 이야기하기가 좋다.

“선생님, 받아쓰기 매기네요.”

“응, 그런데 주연이는 몇 점이나 되나 보자. 어어, 주연이 또 백 점이네.”

“진희도 백 점이에요?”

“응, 진희도 백 점이다.”

“진희는 공부를 잘하니까 아이들이 좋아해요.”

“주연이도 잘하는데?”

“그래도 아이들이 진희를 더 좋아해요.”

이야기를 해 볼수록 주연이는 동무들 사이에서 좀 더 대접받고 싶은 것 같았다. 아이들이랑 놀 때 특별히 주연이가 따돌림을 받거나 아이들이 주연이를 싫어하는 것 같진 않은데, 주연이는 주은이나 진희처럼 동무들 앞에 우뚝 서서 남다른 대접을 받고 싶은 게지. 동무들이 좋아하고 잘 따르는 그 아이들이 부러웠겠지.

짬짬이 이야기를 하면서 나한테는 주연이도, 그리고 우리 반 다른 아이들도 다 좋은 동무들이란 걸 알게 해 주고 싶었다. 서로 어울려 재미있게 지내다 보면 누구만 특별히 사랑받는 것이 아니라 서로에게 모두가 좋은 동무들이란 걸 느끼겠지. 그러다 보면 특별히 대접받고 싶단 생각을 하지 않을 거야. 한동안 동무들하고 어울려 놀 수 있게 주연이 스스로도 눈치채지 못하게 동무들 틈으로 밀어 넣어 주고, 나도 한데 어울려 놀아 주었다. 친하다 안 친하다 느끼지도 못하게 그냥 동무가 되면 주연이도 그런 '특별한 대접' 같은 건 아예 생각지도 않으리라.

'지우개가 없어요.', '스티커 책이 없어요.' 하는 일이 한두 번 생겼다가 금세 찾아서 없던 일처럼 지나가긴 했다. 주연이도 아이들이랑 잘 지내는 것 같고, 쉬는 시간에도 아이들이랑 어울려 온 학교를 뛰어다니며 놀았다. 그러고 한 달이 훨씬 넘도록 별 탈 없이 잘 지내고 있었다. 이제 주연이한테 그 악몽 같은 일은 지나간 이야기가 되겠지 하고 있었다.

그런데 오늘 아침 이게 웬 소란이냐.

"선생님, 주연이가요, 문방구에서 인형 뺏어 왔어요."

다른 아이들이 잘못한 걸 절대로 보아 넘기지 못하는 민석이다.

"그거요, 둘리 문구에서 뺏어 왔어요."

민석이 말에 여기저기서 다른 아이들도 들고 일어난다. 아이들 말을 들으면서 주연이를 본다. 눈은 이미 젖어 있다.

'이 곤란한 일을 어떻게 넘어갈까?'

'선생님은 또 뭐라 할까?'

'아이들이 모두 몰아세우는데 어쩌지?'

'다시는 안 그러겠다고 했는데 어떡하지?'

잔뜩 겁먹은 듯한 얼굴에 복잡한 마음이 모두 서려 있다.

"뺏어 왔다고? 둘리 문구 아주머니한테서? 주연이가 힘이 더 약할 텐데 어떻게 뺏어 왔지?"

아이들 말을 못 알아들은 건 아니지만 '뺏어 왔다'는 말을 트집 삼아, 흥분해서 방방 뜬 아이들에게 시간을 좀 줄 생각이다. 이미 아이들 모두가 알고 이토록 흥분해 있으니 숨기고 가릴 것은 아니지 싶다. 그저 조금만 더 시간을 주고 싶다.

"저어 아줌마한테 뺏은 건 아니고요, 주연이가 돈도 안 주고 가져왔어요."

"맞아요, 훔쳐 왔대요."

"몰래 가져왔거든요?"

이럴 때 보면 아이들이 좀 얄밉다. 좀 조용히, 모르는 아이들은 모르게, 아는 녀석들은 잘못한 아이에게 시간을 좀 주지. 그리고 스스로 잘못을 깨달을 때까지 기다려 주면 좋으련만.

여기저기서 아이들이 한마디씩 해 대자 주연이는 금방이라도 울음을 터뜨릴 듯하다. 애처롭고 마음이 아프다. 하지만 오늘은 아이들 모르게 조용히 이야기할 게 못 된다. 이미 교실이 한바탕 시끄러워졌으니. 모든 아이들 앞에서 이야기하고 용서받을 건 받고, 잘못한 건 잘못했다 인정하게 하고 싶다. 그게 다른 아이들 마음에서 이 일을 빨리 지우는 방법이기도 하리라.

가장 흥분한 민석이에게 묻는다.

"민석아, 주연이가 아주머니 몰래 가져왔다고? 그럼 그때 민석이는 옆에서 보고만 있었어?"

"아니요, 그때 옆에서 본 거는 아니고요, 아이들이 그랬어요."

흥분해서 큰소리치던 민석이 말에 힘이 빠진다.

"그럼, 민석이가 직접 본 게 아니네?"

"네에."

"그럼, 누구에게 들었다고 말해야지. 바로 옆에서 본 사람이 얘기해 보세요."

잠잠하다. 조금 전까지 시끌시끌하던 교실이 바로 조용해졌다.

"그럼, 모두 다 누구에게 들었단 말이에요?"

"네에."

"이상하네, 자기 눈으로 본 사람이 아무도 없는데 어떻게 알았을까?"

"주연이는 전에도 주은이 예쁜 방울 훔쳤거든요."

"그건 오래된 일이고, 그리고 그건 잘못했다고 사과했잖아. 그 뒤로는 그런 일 없었잖아. 그것 말고 오늘 일 말이야. 오늘은 가져오는 걸 본 사람이 없네?"

조금 차분해진 아이들을 휘이 둘러본다.

"니가 아까 말했다 아이가."

"아이다, 나도 아까 누가 말해서 그랬다."

아이들은 다시 술렁댄다.

"처음에요, 기원이가 그랬어요. 주연이가 저 인형 뺏어 왔다고요."

"그래? 그럼 기원이는 왜 그런 말을 했지? 기원이가 옆에서 봤어?"

그때까지 아무 말도 못 하고 내 입만 보고 있던 주연이가 울음을 터뜨린다.

"기원이가 인형 사 준다고 했단 말이에요."

"그래? 기원이가 인형을 사 준다 했다고? 그럼 주연이가 이게 어떻게 된 일인지 동무들한테 들리게 말해 줘."

힘겹게 입을 뗐겠지만, 울먹거려서 말을 제대로 알아들을 수는 없었다. 그래도 주연이에게 말할 시간을 주어야겠다 싶다.

"내가요. 인형 예쁘다고 하니까 기원이가 한 개 사 준다고 내한테 가져가라 했단 말이에요."

"그래? 기원이가 사 준다 해서 가져왔다고? 그럼 기원이가 사 준 거구나."

"기원이가 돈 안 줬거든요?"

민석이가 끼어든다.

"기원이, 어떻게 된 거고? 사 준다고 했다며?"

"주연이가 인형 너무 예쁘다고 갖고 싶다 했어요."

"그래서 사 줬어?"

"사 줄라고 했는데요. 돈이 없어서요. 돈을 못 줬어요."

"주연이는 기원이가 사 준다고 하니까 가져왔고, 기원이는 사 주려고 했는데 돈이 없어서 돈을 못 주고. 그래 됐단 말이지?"

"예에에에에."

주연이는 서럽게 흐느끼기 시작한다. 아직 좀 덜 풀린 게 있지만 아이들 앞에서 하는 이야기는 여기서 끝맺어야 할 것 같다. 이미 첫 시간이 끝나 가고 있다. 1학년 아이들을 데리고 너무 오래 끌었지 싶다.

"기원이가 돈 주는 걸 보고 인형을 가져와야 하는데 그냥 가져온 건 주연이가 잘못한 것 같다. 나중에 둘이 문구점에 사과하고 돌

려 드려야겠다. 그리고 기원이도 돈이 있는지 없는지 생각도 안
하고 사 준다고 약속하는 건 조심해야겠는데."

"그리고 주연이, 인형은 때 묻으면 다른 사람한테 못 파니까 여기
가지고 온나. 여기 뒀다가 나중에 사과하고 갖다 드리자."

"민석이가 가져갔어요."

"왜 민석이가 가지고 있노?"

"나중에 둘리 문구 아줌마한테 갖다 줄려고요."

"그거는 주연이가 가져다 드려야지. 여기 뒀다가 주연이가 가져다
드리게 이리 갖고 온나."

"안 돼요. 주연이가 안 가져다 줄 걸요."

참 모를 일이다. 주연이한테 그렇게 참고 참으면서 기다렸는데,
이 순간 민석이한테는 발칵 화가 난다.

"민석이, 그거는 니가 나설 일이 아이고, 주연이한테 하게 해야
지. 가져다 드릴지 안 드릴지 니가 우예 아노?"

버럭 화를 내자 민석이가 마지못해 인형을 가지고 나온다. 제 딴
에는 잘못한 걸 바로잡아야 한다는 뜻일 텐데 어린 마음을 헤아리지
못하고 화부터 발칵 낸 것이 미안하다. 아, 그런데 미안하다는 말도
하기 전에 인형을 놓으면서 또 그런다.

"집에 갈 때 내가 같이 가서 볼게요, 주는지 안 주는지."

아이고! '깊은 대화'가 필요한 건 민석이도 마찬가지구나.

책상 위에 올려놓은 인형을 보니 예쁘긴 예쁘다. 손전화나 가방
끝에 달랑달랑 달고 다니기 좋게 만든 조그만 인형이다.

"여기 뒀다가 나중에 집에 갈 때 주연이가 갖다 드리는 거다."

기원이도 주연이도 "네에." 하는데, 다른 아이들은 주연이에게 마

음이 풀렸는지, 아닌지 모르겠다. 쉬는 시간 종이 울리기 무섭게 아이들은 엉덩이부터 들고 일어난다. 어느새 주연이 일은 뒷전이다.

셋째 시간 마치고 쉬는 시간에 주연이를 데리고 보건실로 갔다. 학교 안에 아이들하고 조용히 이야기할 만한 자리가 이렇게나 없다.

"주연아, 아까 인형 그거 말이야."

인형 이야기가 나오자 주연이는 고개부터 떨군다.

"기원이가 사 준다고 했다면서?"

"예에."

"그런데 기원이가 돈 없어서 아주머니한테 못 드렸다면서?"

"그래도 너무 하고 싶어서 ……."

"아주머니는 그걸 팔아서 돈을 벌어야 아주머니네 아이들 학원비도 주고 필요한 것도 사 주고 그러는데. 그냥 가지고 오면 아주머니는 어떡하지?"

"안 그럴게요. 아까 아까부터 잘못했다고 생각했어요."

눈을 질끈 감는데 닭똥 같은 눈물이 후두둑 굴러 떨어진다. 어디에 그런 굵은 눈물 방울이 숨어 있었을까 싶다.

"그래, 주연이가 아까부터 잘못했다고 생각했으니까 주연이가 아주머니께 가서 사과해야겠다."

"네에. 그런데요, 선생님도 같이 가면 안 돼요?"

함께 가 주기로 하고 교실로 올라왔다. 아이는 역시 아이다. 그 일은 금세 잊고 공부를 아주 신나게 한다.

집에 갈 시간, 가방 챙기고 집에 갈 준비를 하느라 모두들 바쁜데 민석이가 책상 위에 놓인 인형을 들고 간다.

"민석이, 니가 와 그걸 가져가노?"

"주연이가 안 갖다 줄 거 같아서요. 제가 주연이 데리고 가서 사과하고 주라고 할라고요."

또 목소리에 날이 서려고 하는 걸 꾸욱 누르고 말한다.

"민석아, 그거는 주연이가 할 일이거든. 주연이 스스로 하게 맡겨 주는 거야."

"안 할 걸요."

"할 거라니깐. 나는 주연이를 믿어."

일부러 '믿어'에 힘을 주어 말한다. 끝까지 고집부리며 곱게 내려놓지 않는 걸 눈을 부라려서 돌려보냈다.

주연이랑 아이들이랑 같이 교문을 나섰다. 길 건너는 아이, 학원차 타는 아이 모두 보내고 둘리 문구점 쪽으로 간다. 민석이도 가지 않고 끝까지 따라온다. 겁을 먹은 주연이는 내가 뒤따라오는지 돌아보며 문구점을 들어선다.

아, 놀랍다. 어물쩍거리기만 하고 그냥 서 있을 줄 알았다. 내가 나서서 얘길 해 줘야 하나 잠깐 그런 고민까지 했는데. 주연이는 비록 조그만 소리지만 제 입으로 천천히 말했다.

"너무 예뻐서요. 정말로 하고 싶어서 그냥 가져갔어요."

"용서해 주세요."

아주머니는 주연이 손에 들린 인형만 보고 그 다음 말은 들으려고 하지도 않는다.

"아이고, 오늘 아침에 두 개가 없어졌더마는 갖고 왔네."

"예에. 다음에 돈 가지고 와서 꼭 사 갈게요."

아주머니는 주연이 말은 더 들으려고도 하지 않고 나한테만 뭐라 뭐라 하소연을 해 댄다. 물건이 어찌나 자주 없어지는지 머리가 아프다며.

주연이 말에 덧붙여서 미안하다, 다시는 이런 일이 없도록 하겠다고 허리를 굽히고 또 굽히며 사과를 하는데 주연이가 내 손을 꼭 잡는다. 나도 주연이 손을 꼭 잡았다. 주연이가 또 꼬옥 힘을 준다. 손에 땀이 났는지 미끌거린다.

"주연아, 가지고 싶은 게 있을 때는 돈을 주고 사는 거야."

"예에."

"엄마가 주는 용돈을 모아 두었다가 정말 가지고 싶은 것이 있을 때 딱 사면 얼마나 기분 좋다고. 그러니까 용돈이 생기면 잘 모아 둬."

"예에."

주연이는 몇 번씩 돌아보면서 집으로 갔다. 이제 더는 그런 일이 없을 거라는 믿음이 생긴다. 힘을 주어 꼭 쥐던 주연이 손에서 그런 믿음이 생긴다. 나는 그렇게 믿는다.

마음속에 꽉 차 있는 걸 쓰면 돼요

어제는 여름철 꽃밭을 둘러보았다. 가장 마음에 드는 것을 하나 정해서 동무 삼기도 했다. 교실에 들어와서는 새 동무에 대해 알게 된 것과 하고 싶은 말을 글로 썼다.

마음먹고 따로 시간을 내어 글쓰기를 해 본 것이 어제로 네 번째다. 일기 쓰기 시작한 것도 보름 남짓밖에 안 되었다. 그런 아이들이, 맛보기 글을 읽고 이야기를 나누고, 우리도 이 글처럼 보고 들은 것을 써 보자 한다고 어찌 그리 고개 푹 숙이고 오랫동안 글을 쓸 수 있는지. 머리를 책상 위에 쿡 박고 쓰건, 연필을 삐뚤게 잡았건, 왼손으로 쓰건, 옆으로 반쯤 누워 쓰건 모두 다 예쁘고 아름다운 그림처럼 가슴을 울린다. 글을 잘 못 쓰는 미진이랑 남주가 소곤거리더니 동무들 글 쓰는 걸 보고 얼른 고개를 숙인다. 가만 보니 그림을 쓱쓱 그리고 있다.

그렇게 써 준 글을 읽으면서 또 울컥한다. 글이 훌륭해서가 아니다. 입학했을 때, 앞에 나와서 제 이름 석 자 말하는 것도 들릴락 말락 겨우 입을 벙긋거리다 들어가던 아이들. 그 어린 아이들이 어느새 다른 사람이 쓴 글을 두고 함께 이야기를 할 수 있을 만큼 자랐다. 꽃밭에 나가서 놀기만 하는 것 같더니 어느 틈에 관찰도 하고 생각도 했는지. 모르는 사이 이 아이들이 이만큼 자랐구나 싶으니 코가 찡해지는 것이 자꾸만 눈물이 나려고 한다.

한 장 한 장 넘기면서 글을 읽는데 그 속에 아이들이 다 들어 있다. 제법 의젓하게 살펴보기도 하고, 뭐라 뭐라 적고 있던 아이들.

어디서 "와아, 고추 억수로 크다." 하자마자, "어데? 어데?" 제일 먼저 달려가던 남주.

"야아, 복숭아 마이 익었데이." 하는 소리를 듣고 "선생님, 복숭아가 익었대요." 하고 중계부터 하던 기원이.

잠깐도 가만히 못 있고 종알종알 하다가 "니 그러다가 언제 꽃 살펴볼래?" 하고 나한테 한 소리 듣던 민영이.

자리를 잡고 제법 진지하게 꽃을 그리고 있는 아이들 틈에서 "지렁이 있어요, 지렁이!"라고 소리치던 민준이. 그 소리에 잠잠하던 아이들이 모두 일어나 달려갔지.

도라지를 살펴보고 쓴 주은이 글, 학교에서 본 것 말고 집에 있는 맨드라미와 동무하겠다는 승하 글을 읽고, 그 다음 재운이 글을 읽다가 차마 더 읽지를 못했다.

우리 재운이, 재운이는 자기 속을 잘 보이지 않는 아이다. 동무들한테나 나한테나 말을 잘 하지 않는다. 자기에게 꼭 필요한 말만 하고 늘 조용히 논다. 아이들 노는 것에 관심이 없는 것 같지는 않은데 늘 혼자서 구경만 하는 편이다. "오늘 꽃밭 관찰하고 동무 삼은 꽃에 대해 글로 써 보자." 했는데, 재운이는 어제 일기를 썼다. 읽어 보니 이 일을 쓰지 않고는 못 배겼을 것 같다.

날씨 : 땡볕

공부를 했는대 기분이 좋다

여재운

오늘은 아이스크림을 먹었다. 오늘은 내 생일이었다. 최고로 조았다. 생일모자를 썼다. 게임을 해 주었다. 공부를 내부터 빨리하였서 엄마가 좋아하셨다. 밤에부턴 내부터 잡다. 그런대 아빠가 잠을 못 자개 했다. 그래서 조금받개 못 잡다.

내가 빨래를 걸었는데 나는 계속하고 있었다. 그런대 아빠한태 물었다. 아직도 형아 자고 있었다고. 그런대 아빠가 형아한태 물었다. 빨리 재운이 빨래 걸는 것을 물었다. 그래서 형아가 네라고 말했다. 그래서 아빠한테 형아가 시비를 걸었다. 그래서 아빠한테 30 십떼나 혼났다. 손도 벌걷고 뒤에 다리 염에 다리도 피가 났다. 엄마가 고쳐주웠다. 발리 나았쓰면 좋겠다. 하느님한테 기도를 했다. 하느님 아버지 형아 다리를 빨리 낫게 헤 주세요. 하느님 아버지를 믿사옵나이다. 아멘.

첫 부분은 학교에서 있었던 일이다. 칭찬을 많이 받았으니 뭘 선물로 받겠냐고 했더니 아이들 모두 아이스크림을 먹겠다고 했다. 그래서 어제는 재운이네 모둠이 아이스크림을 먹었다. 자기가 주인공 했던 일이랑 아이스크림 먹은 일이 아주 마음에 남았던가 보다. 아이스크림도 상으로 받고, 생일이라 주인공도 하고, 그 일을 어서 쓰고 싶은 재운이한테는 꽃밭 관찰한 것 따윈 마음에 들어오지도 않았겠지.

그것보다 더욱 재운이 마음속에 차 있는 것은 바로 형아 이야기다. 어린 마음에 얼마나 상처가 되었을까. 어젯밤 형아가 아버지한테 그렇게 혼이 나고, 어린 저도 마음이 얼마나 아팠으면 오늘까지 가슴에 꼭꼭 담아 두고 있었을까. 그런 재운이 마음에 꽃밭에 도라지며 고추며 지렁이가 비집고 들어갈 틈이 없었겠지. 말수 적은 재운이가 여기에다, 글로 이렇게나마 쏟아 낸 것이 얼마나 다행스러우냐, 또 얼마나 고마우냐.

오늘 아침, 재운이가 학교에 오자마자 불렀다. 책가방을 정리하고 자리에 앉던 재운이는 여전히 말 한마디 없이 자리에서 일어선다. 일어서는 모습도 책상에 손을 짚고 스르르륵 일어난다. 재운이 자리로 가서 손을 잡아끌자 말없이 이끌려 나온다.

"재운아, 어제는 형아 잘 잤어?"

고개만 끄덕끄덕한다.

"형아 다리는 좀 나았나? 인자 마이 안 아픈가 모르겠네."

또 고개만 끄덕거린다.

"재운이가 형아 걱정을 해서, 재운이 기도하는 마음이 전해져서 빨리 나았을까? 우리 재운이 마음이 예뻐서."

"그런데요, 엄마가 형아 안고 자서 나았을 거예요. 나도 그때, 그때 엄마가 안고 자니까 손바닥 맞은 거 안 아팠어요. 형아가 맞아서 엄마가 안고 잤어요."

재운이가 이렇게 한꺼번에 길게 말하는 건 처음이다.

"그래그래, 나도 옛날에 우리 엄마가 안고 자면 안 아프고 잘 잤어. 나도 어릴 때, 아버지는 혼내고 엄마는 안아 주고 그랬거든."

"진짜요? 우리 아빠도 막 혼내고요, 엄마는 약 발라 줘요. 선생님도 아빠한테 맞아요?"

"어. 나는 빗자루로 엉덩이를 맞았지."

"그러면 선생님도 아빠가 무서워요?"

"어, 무서울 때도 있고, 좋을 때도 있고."

"나도요, 아빠가 때릴 때는 억수로 무서워요. 그럴 때는 아빠가 없으면 좋겠어요."

"그렇구나, 그래도 아빠가 있어서 좋을 때도 있을 텐데?"

"몰라요, 좋을 때는, 으음, 잘 모르겠어요."

재운이를 붙잡고 무슨 이야기를 그렇게 오래 하나 싶은지 아이들이 모여든다. 처음으로 이렇게 오랫동안 말대답을 해 주는 재운이가 고마운 만큼, 이런 시간을 깨뜨리는 아이들이 오늘은 좀 얄밉다.

"무슨 이야기해요?"

끼어드는 아이들에게 "됐다, 고마 들어가라." 달갑잖게 대꾸하고 아이들 글 뭉치를 들고 나도 반듯하게 자리에 앉는다. 뭔가 기대를 하고 나왔다가, 그만 들어가라는 게 영 못마땅한지 선뜻 들어가지 않고 둘레를 맴돈다.

"아아, 들어가면 이야기해 줄게. 바로 이거 얘기거든."

어제 써 놓은 글 뭉치를 들어 보이자 무슨 얘긴가 더 궁금한 얼굴이다.

"재운아, 이 글 읽어도 되나?"

재운이는 미처 대답도 않았는데 아이들이 더 조른다.

"읽어 보세요, 읽어 보세요."

"재운이 글이니까 재운이가 읽어도 된다 해야 읽거든."

"재운아 읽어도 되제?"

"재운아, 읽어도 된다 해라."

어느새 여느 때 재운이로 돌아왔다. 입은 딱 다물고 빙긋이 웃으면서 고개만 끄덕거린다. 쑥스럽기도 하고 그렇겠지. 한 번 더 묻는다.

"재운아, 이거 읽어도 될까? 괜찮을까? 읽는 거 싫으면 싫다고 해도 돼."

무슨 말인지 입은 달싹이는데 잘 들리지 않는다. 짝지 주난이가 대신 말해 준다.

"읽어도 된대요."

"그래? 그럼, 좋은 글을 읽게 해 준 재운이한테 고맙다 한 번 하자."

"예에."

"재운이 글이니까 재운이가 읽으면 더 좋은데, 그냥 내가 읽으께. 크게 읽을 테니까 잘 들어 보세요."

어제 다 함께 글을 썼으니 관심도 생기겠지. 또 재운이하고 한참 얘기한 뒤라 더욱 궁금하기도 하겠지. 아이들은 끝까지 조용하게 듣는다. 자상하고 곰살맞은 기원이답게 먼저 손뼉을 친다. 손뼉 소리가 들리자 아이들은 거의 자동으로 손뼉을 따라 친다.

"흐음, 그런데 왜 손뼉을 쳤어요?"

"잘 썼잖아요."

"어떤 걸 잘 썼는데?"

"재운이 마음이 잘 나타났어요."

"어떤 마음?"

"재운이가 형아 걱정을 많이 했어요."

"기도하는 것이 좋아요."

"엄마가 치료해 줘서 좋아요."

"와, 여러분 모두 잘 들었어요. 정말 재운이 마음을 생각하면서 잘 들은 것 같네."

"그런데 어제 쓴 거 맞아요?"

주난이가 묻는다.

"어제는 '내 동무 식물' 썼는데. 오늘 글 고치기 한다 했는데?"

역시 주난이는 똑 부러진다.

"그래, 맞아. 그럼 재운이한테 왜 어제 했던 일을 안 쓰고 이 글을 썼는지 물어볼까? 재운이가 말해 줄래?"

다른 때도 말을 잘 하지 않는 재운이다. 대답을 할까 하고 재운이를 보는데 재운이가 조그만 소리로 말을 한다.

"그냥요. 나는 그냥 그거를 썼는데."

"그래, 내 생각에도, 재운이는 꽃밭 살펴본 것보다 형아 일이 마음속에 꽉 차 있으니까 형아 일을 썼던 것 같아. 재운이처럼 꼭 쓰고 싶은 것이 있을 때는 이렇게 그냥 쓰면 돼요. 일기를 쓸 때나, 겪은 일을 쓸 때나 자기 마음에 꽉 차 있는 걸 쓰면 돼요. 그냥 쓰고 싶은 거."

아이들도, 재운이도 가만히 내 얼굴만 보고 있다. '꽃밭 살펴보고 온 일을 적으라더니, 뭐어? 쓰고 싶은 걸 그냥 쓰면 된다고?' 싶은 거지.

"그래서, 오늘은 여러분도 이렇게 재운이처럼, 자기 마음속에 꽉 차 있는 거, 그냥 꼭 쓰고 싶은 걸 써 보면 좋겠어."

재운이처럼 형아나 동생 때문에 걱정했던 일, 엄마 아빠 때문에 속상했던 일, 선생님한테 하고 싶은 말이 있으면 말해 보라고 했더니 여기저기 불쑥불쑥 손들이 올라온다.

"이렇게 많은 이야기를 말로는 다하기 어려우니까 재운이처럼 종이에다 모두 써 보자." 했더니, 또 터억 엎드려 고개도 들지 않고 글을 쓰기 시작한다. 아아, 이 녀석들은 왜 이렇게 자꾸 감동을 주는지. 글을 쓰기 시작한 지 십 분도 채 안 되서 하나 둘 들고 나온다. 아이들이 쏟아 낸 말, 이것저것 가슴을 후비고 아프게 훑어 내리기도 하지만, 아름답고 빛나는 우리 아이들이 그 속에 다 들어 있다.

엄마, 내 입학해서 조와요. 또 부산에 전학 와서 조와요. 엄마 그런데 인자 안 아프면 조커써요. 인자 투석 안 하고 안 아프면 조은데. 그래도 걱정하지 마세요. 엄마 투석하러 가면 내가 오빠 말도 듣고 아빠 말도 드르께요. 내가 여자니까 설거지도 배우께요. 엄마 아파서 이모가 집 빌려조서 고맙습니다. 이모 우리 엄마 병원비다 내서 집 없다고 집을 빌려줘서 특히 고맙습니다. 우리가 잘 커서 이모한테 감사드리께요. 집 빌리조서 정말 감사합니다. (민영)

나는 개한테 물렸다. 엄마가 약을 발라도 소영이 업따. 나는 아지까지 아프다. 우리 개는 잘 안 무는데 그때는 무럳다. 아빠가 개가 한 번씩 정신이 없어지는 갑다 하면서 개 판다고 했다. 나는 우리 개가 물러서 이자 무섭다. 그러치만 개는 안 파라스면 좋켓다. (상욱)

나도 아빠랑 가치 살고 십퍼요. 엄마는 점심에는 비디오방에서 일함미다. 저녁에는 컴퓨터 홈피 괄리함미다. 또 아침에도 무슨

일을 하러 감미다. 엄마 혼자서 내하고 사니까 우리 엄마는 일을 마니마니 함미다. 그래도 돈을 마니 몬 반는다고 함미다. 나도 민지 아빠처럼 우리 아빠도 돈 마니 벌어서 다 같이 살면 좋겠슴미다. 민지는 참 좋겟습니다. (혜윤)

할아버지가 도라가셧습니다. 병원에서 맘이 아판는데 하늘님나라로 가셧슴니다. 그래도 이제 안 아프고 편안할 거다고 해서 좋슴미다. 학교 갔다 와도 이제 할아버지가 업습니다. 학교 갔다 올 때마다 나는 할아버지가 보고십습니다. (주은)

나는 머리에 이 업따 주난이느 맨날 내보고 머리에 이 잇다고 놀린다. 나는 인자 이 엄따. 머리도 짤랐는데 이 엄따. (미진)

방학을 앞두고, 언제 세월이 이렇게 흘렀나 싶어 참 허무하더니 아이들이 써 낸 글들을 보니, 아이들은 이렇게 옹골차게 영글어 가고 있구나 싶다. 가슴 한쪽이 제법 그득해진다.

어여쁜 내 동지들이여

　태풍 에위니아가 부산을 온통 뒤흔들고 있는데 교육청에서는 등교 시간이 다 되어 가도 아무 말이 없다. 아파트 창밖으로 보이는 나무는 정신없이 나부끼고 있다. 아무리 텔레비전을 보아도 부산에 휴교를 했다는 말도, 임시 휴업을 한다는 말도 안 나온다. 저렇게 바람이 세게 불고 비가 쏟아지는데 1학년 아이들이 어떻게 학교에 올까. 뒤집히는 우산을 붙잡고 이리저리 부대낄 아이들을 생각하니 아무 대책 없는 교육청이고, 학교고 다 원망스럽기만 하다.

　그러나 지금 누굴 원망하고 있다고 해결될 일도 아니다. 끓어오르는 울화를 꾹꾹 눌러 가라앉히고 집을 나선다. 지금 이 마당에 할 수 있는 일은, 어서 교실에 가서 비 맞고 들어오는 아이들 닦아 주는 일밖에 더 있겠나, 참 별 볼 일 없는 게 선생이구나 싶다.

　우산을 쓰고 나가는데 아파트를 벗어나기도 전에 우산은 이미 쓸모없게 되어 버렸다. 드센 바람에 두어 번 뒤집히더니 우산살이 아예 다 부러졌다. 우산이 멀쩡하다 해도 거세게 불어오는 바람 때문에 우산을 펴 들고 갈 수도 없다. 바람이 좀 매서워야지.

　멀지도 않은 길인데 학교 앞까지 오니 이미 옷은 다 젖었고, 바지가 다리에 찰싹 달라붙어 걸음을 떼어 놓기도 어렵다. 앞에는 아이들이 우산을 꼭 붙들고 힘겹게 올라간다. 아이들 태워서 올라가는 차에 학교까지 데려다 주고 내려오는 학부모들 차까지. 좁은 학교 길은 몇 안 되는 차로 꽉 막혀서 빵빵거리고. 게다가 학교 뒷산에서 내려오는 물이 하수구로 흘러들지 못하고 모두 길을 따라 콸콸 쏟아져 내려 비탈길은 무슨 큰 도랑처럼 되어버렸다. 난리가 따로 없다. 조금 더 물살이 세어지면 흙이고 돌멩이까지 흘러내릴 텐데. 아이들 발등이라도 찍지 않을까 더럭 겁이 난다.

빗물은 젖어서 달라붙은 머리카락을 타고 얼굴로 줄줄 흘러내리고, 얇은 옷은 몸에 차악 감겨 민망스럽기까지 하다. 달라붙은 옷을 자꾸 떼어 가며 걷는다.

"아 아, 선생님. 아, 아 안녕하세요?"

연희다. 우산이 이리저리 회똑거리니 쪼꼬만 녀석이 이기지 못하고 빙빙 돌고 있다.

"어어, 연희야. 조심, 조심. 연희야."

얼굴을 타고 내리는 빗물이 입으로 들어가고, 바람도 불지요, 서로 말도 잘 안 된다.

"연희야, 그냥 우산 접고 빨리 뛰어 올라가자."

둘이서 손을 잡고 겨우겨우 교실에 들어서니 먼저 온 아이들이 오들오들 떨고 있다.

"선생님도 옷 다 배렸네요."

"어, 비 쫄딱 다 맞았다."

데려다 주는 어른도 없이, 어머니 아버지 먼저 출근하고 혼자서 우산 하나 달랑 쓰고 나섰을 아이들. 생각만 해도 마음이 아픈데 그래도 이 녀석들은 재밌다고 웃는다. 이런 아이들한테 내가 해 줄 수 있는 일은 수건으로 머리 닦아 주고 우산 받아 꽂아 두는 일밖에 없다. 아이들을 닦아 주고 끝으로 내 머리를 탈탈 터는데 깔갈거리며 웃는다.

"선생님, 머리 전기 맞은 거 같아요."

그래, 이래 웃을 수 있으니 다행이다. 학교 올라오다가 누구 하나 다치기라도 했으면 이래 웃을 수 있겠나 싶어 가슴이 서늘하다.

9시 30분. 비에 흠뻑 젖은 한빛이가 싱긋이 웃으면서 들어서니 지훈이, 한 아이를 빼고 이제 다 왔다. 이놈의 학교가 뭐 그리 대단해서, 이 선생이 뭐 그리 해 줄 게 많아서, 이 힘든 길을 헤치고 모두 모여 앉았나 싶으니 갑자기 이 아이들한테 동지애 같은 것이 생긴다. 아주 거창한 뜻을 가슴에 품고, 위험도 마다하지 않고 모인 피 끓는 동지들처럼.

'그래, 야아들아 인자 우리는 동지다.'

혼자서 이런 감상에 빠져 잠깐 숙연해지기까지 하는데 하은이가 그런다.

"아앙, 지훈이는 와 안 오지? 선생님, 지훈이 집에 전화해 보지요?"

늘 토닥토닥 다투면서도 걱정이 되는 모양이다.

"조금 있다가 다시 해 볼게. 조금 전에 했는데 전화를 안 받아."

무슨 일은 없겠지. 그저께부터 연락도 되지 않고 학교에도 나오지 않고 있는 지훈이가 걸리긴 나도 마찬가지다. 집안에 걱정스런 사고가 생긴 건 아닌지. 하는 일이 좀 느리긴 하지만 말할 것이 있으면 똑 부러지게 발표하는 지훈이가 자꾸 눈에 밟힌다.

둘째 시간에는 일기 쓰기 공부를 한다.

"오늘 날씨는 어땠어요?"

"비가 엄청 오고 바람이 빙빙 불었어요."

"그럼 날씨 적는 칸에 오늘 날씨를 그렇게 써 볼까?"

"나는 바람이 많이 불어서 빗물이 자꾸 입에 들어왔다고 쓸 거예요."

"그 다음, 집에서 나올 때 다른 날하고 달랐던 점은 뭐예요?"

"바람이 이래 불어서 내 날려 가면 우짜지 하고 생각했어요."

"아, 비 와서 기분 엉망이다 했어요."

"나는 학교 오기 싫었어요. 혼자서 올라니까 무서웠어요."

"맞아, 맞아. 나도 이런 날 학교 오지 말라고 안 하나 싶어 자꾸 텔레비전을 봤어요. 그런데 이런 날씨에도 모두 와 줘서 여러분은 진짜 대단한 사람들이에요. 그렇게 오면서 무슨 생각을 했어요?"

"하은이는 다리에 기부수 해서 다리에 물 들어가면 안 되는데 했어요."

석우다. 아, 놀라운 일이야. 늘 자기 생각만 하는 것 같더니. 산만하게 마구 돌아다니기나 하는 것 같더니, 이렇게 하은이 다리까지 생각을 해 주다니.

"우리 할머니가 내 데려다 주고 집에 가다가 우산 다 뿌사지고 디비지면 우짜나 싶어서 걱정했어요."

'그래 경철아, 니도 할머니 걱정을 다 하는구나. 그래, 그래야지.'

"대경이는 비 오면 많이 우는데, 오늘도 많이 울겠다고 생각했어요. 많이 울면 대경이 아줌마가 또 힘들 건데."

그래, 지연아. 함께 사는 몇 달 동안 대경이가 비오는 날 엄마하고 더 안 떨어지려고 하는 것도 알게 되었구나.

아아, 이렇게 살아 온 몇 달이 서로를 알게 해 주고 조금씩 생각하게 해 주었구나. 비바람이 제 아무리 세차게 불어도, 어른들이 아무리 태풍에 늑장 대응을 해도 너희들은 이토록 내 가슴을 뜨겁게 하는구나. 달려가서 와락 끌어안고 싶은 걸 참으면서 일기를 이어 나간다.

"아이구, 귀여운 우리 똥강아지들. 그런 장한 생각들을 했쪄요? 그리고 바람도 세게 불고 비도 많이 와서 힘든데, 오면서 뭐 본 건 없어요?"

"선하는 학교까지 자기 엄마 차 타고 왔어요. 나도 태워 줬으면 좋겠다 생각했어요."

"어떤 아저씨 우산이 날라갔어요. 그런데 그 아저씨가 막 웃었어요. 그거 보고 나도 웃었어요."

"어떤 형아 우산하고 안경이 확 날아갔어요. 그 형아가 발로 땅을 막 밟으면서 신경질을 냈어요. 소리도 지르고 땅을 자꾸 탕탕 밟았어요."

"그럼 그것들도 좀 써 볼까? 나는 그런 것 못 봤으니까 나도 잘 알 수 있게, 본 모습을 잘 생각해서 써 보세요."

아이들이 고개를 푹 숙이고 열심히들 쓴다. 오늘은 쓰고 싶은 말이 많을 거다. 다른 날처럼 어떻게 써요, 뭘 써요 묻는 아이도 없다. 받침이 없어도, 글자를 잘 몰라도 열심히 쓰고 있다. 그래, 모두 그렇게 토해 놓아라 싶다.

"나는요, 바람이 자꾸 밀어서 넘어질라 해서 안 넘어질라고 다리에 힘 빡 주고 걸었어요."

"나는 비옷 입어서 괜찮았어요. 그런데 유치원 때 샀던 거라서 진짜로 작아요. 그래도 괜찮아요."

"나는요, 산에서 돌멩이하고 흙하고 떠내려와서 발에 맞았어요. 아파 죽는 줄 알았어요."

"진짜로? 우리 형아도 돌멩이에 발 맞아서 넘어졌는데. 그래도 안 울었대이."

아, 비탈길로 흙탕물이 쏟아지던데 그 길로 왔구나. 흙탕물에 큰 돌멩이도 같이 실려 왔을 텐데 생각만 해도 끔찍하다. 정말 큰일 날 뻔했네.

"나는 혼자 오니까 너무너무 무서웠어요. 엄마가 동생 업고 못 데려다 준다고 혼자 가라 했는데 내 혼자 올 때 막 울면서 왔어요."

눈이 커다란 민지다. 말하면서 또 눈물이 그렁그렁해진다.

"그래, 모두들 고생 많이 했다. 그렇게 힘들고 무서운데 모두 학교에 와 줘서 참 장하다. 장하고말고. 오늘은 내가 너거들 다아 안아 주께. 이래 힘들게 학교 왔는데, 오늘은 재미있게, 즐겁게 지내자. 땅콩 집어먹기도 하고, 노래도 부르고, 하루 종일 놀자."

정말이다. 오늘 하루는 이 어여쁜 동지들하고 행복하게 지내고 싶다. 비는 좀처럼 잦아들지 않고, 바람도 여전히 세차게 불고 있지만 함께 있는 이 교실, 여기서만은 함께 행복해지자.

땅콩 볶은 것, 콩 볶은 것을 쟁반에 가득 담아 놓고 '젓가락 놀이'를 한다. 다른 쪽 접시로 빨리 많이 옮기기, 달려와서 한 알 집어먹고 다음 사람에게 이어 주기, 둘이서 손잡고 달려와 짝한테 서로 먹여 주기, 젓가락으로 집은 콩을 얼른 달려가서 주고 싶은 동무에게

먹여 주기, 받아먹은 동무는 또 다른 동무에게 먹여 주기, 땅콩하고 젓가락만 가지고도 한참을 즐겁게 논다.

또 무슨 놀이를 하지? 다른 놀이를 생각하면서 잠깐 쉬는데 하은 이가 중얼거린다.

"지훈이도 오면 좋은데. 내 인자 지우개도 잘 빌려 줄 건데."

이렇게 재미있게 노니까 또 짝지 생각이 나는 모양이다. 그래, 토닥거리고 싸우기도 하지만 재미있고 즐거울 때 동무 빈자리가 더 생각나지. 입학해서 한동안은 서로 서먹서먹해 하더니, 다들 제 생각을 먼저 하던 어린 아이들이 함께 한 학기를 보내면서 이렇게 자랐나 싶다. 코끝이 또 한 번 찡해진다. 운동장 가에 나무들이 눈에 보이지 않게 조금씩 자라고 있는 것처럼, 이 아이들도 어느새 이만큼 자라서 동무들을 감싸 안고 어른들 걱정까지 해 주고 있다. 창밖에는 사나운 태풍이 무서운 소리로 울고 있지만 우리 아이들이 있는 이 교실은 참으로 따뜻하고 따뜻하다. 아아, 행복한 오늘!

1학기 통지표를 쓴다

벌써 한 학기를 마치고 1학기 통지표를 쓴다. 듣기 △, 말하기 ◎, 읽기 ○, 쓰기 ◎, 국어지식 △, 문학 ◎, 수와 연산 ○, 도형 △, 측정 ○, 확률과 통계 △ ⋯⋯. 참 답답한 노릇이다. 입학해서 다섯 달 동안 우리가 어떻게 살았는데, 얼마나 자랐는데! 꼬물꼬물 아옹다옹 몰라보게 자라는 이 아이들을 고작 서른 개도 안 되는 네모 칸에 어찌 다 쓸 수 있느냐고. '매우 잘 함 ◎', '잘 함 ○', '노력이 필요함 △'으로만 말이지.

◎, ○, △ ⋯⋯. 도저히 안 되겠다. 끝에 조그맣게 남은 가정 통신문 자리에 글자 크기 8.5, 자간 - 8, 줄 간격 120으로 꼬깃꼬깃 한 학기 살아온 이야기를 써넣는다. 깨알만 한 글씨를 박아 넣느라 눈이 팽글팽글 돈다. 눈앞에 때 아닌 아지랑이가 피어오른다.

눈앞이 흔들리니 머릿속에 떠오르는 아이들도 흐릿해진다. 내가 지금 뭔 말을 쓰고 있는지 ⋯⋯. 아이들을 좀 더 봐야 생생하게 쓸 수 있겠다. 돋보기를 벗고 아이들을 휘이 둘러본다. 신문지에 나온 글자로 낱말 만들기 공부를 해 보라고 했더니, 녀석들은 일찌감치 밀쳐 두고 딴짓 하느라 바쁘다. 무슨 이야기가 그리 재미있는지 깔깔대는 녀석들. 시작한 지 오 분 아니 십 분은 되었을까나? 책상 위에 신문지가 왜 펼쳐져 있는지 알기는 할까?

지난주에 종이배 접기를 했더니 몇몇은 그때처럼 신문지로 커다란 종이배를 접어 머리에 썼다. 서넛이 줄지어 파도를 가르는 배처럼 교실을 휘젓고 다닌다. 정운이는 모자 접는 걸 어디서 배웠는지 그새 모자를 접어 머리에 터억 썼다.

"나도, 나도."

모자를 접어 달라고 네댓이 몰려와 정운이를 에워쌌다. 정운이 둘레에 아이들이 저렇게 몰려든 건 처음이다. 신문지를 꼭꼭 눌러 가며 모자를 접는 정운이 얼굴이 밝다. 손놀림도 어찌나 날랜지. 늘 느릿느릿하고, 말 없이 혼자 떨어져서 동무들 노는 걸 구경만 하던 정운이가 아니다. 신문지 한 장이 정운이한테 숨어 있던 환한 모습을 찾아 주었다. 어제 쓴 정운이 통지표를 찾아 조금 고친다.

우리 정운이는 조용하고 말이 없는 가운데 자기 일을 스스로 하려고 노력합니다. 자기가 맡은 일은 군말 없이 해 내려 애쓰는 모습도 참 보기 좋습니다. 그림이나 글로 자기 생각을 표현하는 것이 차츰 좋아지고 있으며, 꾸준히 동물과 식물을 관찰합니다. 한 가지 일에 집중하면 시간 가는 줄 모르고 빠져드는 모습도 좋습니다. 가끔 공부 시간 중에 다른 것에 마음을 뺏겨 중요한 것을 놓칠 때도 있고, 동무들이 놀 때 선뜻 끼어들어 활발하게 놀지 않는 것이 조금 마음에 쓰이지만 종이접기를 하면서 동무도 사귀는 걸 보니 아주 걱정할 정도는 아닙니다. 손과 몸을 움직여서 하는 여러 활동에는 빠지지 않고 참여하는 편입니다.

모두 저렇게 놀기만 할까? '그래도 신문지에서 글자를 오리고 낱말을 만들어 붙이고 있는 아이도 더러 있을 테지.' 하고 둘러본다. 창가에 앉은 주은이랑 혼자 앉은 지연이만 신문지를 치켜들고 글자를 찾아 가위로 오리고 있다. 무슨 일이든 한번 시작하면 제 마음에 찰 때까지 하는 아이들이다. 이 녀석들의 끈기와 집중력이 놀랍다.

주은이는 찾은 글자를 풀로 붙이더니 뭔가 마음에 들지 않는지 떼어서 다른 곳에다 대어 보고 고개를 갸우뚱거리고 있다. 지연이는 자기가 만든 낱말이 마음에 드는지 입을 오물거리며 읽어 본다. 온전히 빠져들어 낱말 만드는 데 마음을 쏟고 있는 요 녀석들이 예쁘기만 하다. 주은이랑 지연이 통지표를 찾는다. 지금 생생한 장면을 잡아 쓰는 것이 훨씬 쉽다.

우리 주은이는 생각이나 행동이 어른스러워 모둠에서 부족한 동무들을 잘 이끕니다. 끝까지 마무리했을 때의 기쁨을 알고 언제나 끝까지 열심히 합니다. 말이 적은 가운데서도 부끄러워하지 않고 자기표현을 잘하며 학습 활동에 열심히 참여합니다. 발표를 하거나 동무들 앞에서 이야기를 할 때 처음부터 아주 완벽하게 하려는 마음 탓인지 처음 시작을 머뭇거릴 때가 있으나 한번 이야기를 시작하면 참 잘합니다. 동무들과 어울려 놀 때 자기 목소리를 크게 높이지 않고도 자기 뜻을 잘 이야기하는 모습이 돋보입니다. 그런데 무슨 일이든지 지지 않으려는 마음 때문에 스스로 힘들거나 상처를 받을까 걱정될 때가 가끔 있습니다. 다른 동무도 제각각 잘하는 것이 있다는 것을 인정할 줄 알면 훨씬 마음이 편할 것 같은데……

머리에 떠오른 걸 놓치기 전에 쓴다고 자판을 타닥타닥 두드리고 있는데 갑자기 주은이가 소리를 지른다. 주은이 책상 위로 커다란 종이비행기가 하나 날아들었다. 비행기가 툭 떨어지면서 책상 위에 세워 둔 풀이 굴러가고 글자 오려 놓은 것들이 여기저기 흩어진다. 신문지로 커다랗게 접은 종이비행기를 주워 들고 소리친다.

"야, 이거 누구 꺼고?"

"미안, 미안."

기창이가 슬며시 일어난다.

"니 땜에 글자 다 날아갔다 아이가? 몰라, 몰라."

"아, 미안하다. 내가 찾아 주께. 무슨 글잔지 다 말해라."

안절부절못하는 기창이 때문에 나도 입을 다물고 조용히 바라보고만 있다.

기창이는 자기 잘못을 바로 인정하고 사과하는 것이 예쁘다. 무엇이든 마음이 끌린다 싶으면 곧바로 해 봐야 성이 차는 기창이. 처음 보는 것이면 제 것이든 남의 것이든 한번 만져 보고, 풀어 볼 수 있는 건 죄다 풀어서 다시 만들어 보고, 그러다 본디 모양대로 만들지 못해 끙끙대기 일쑤다. 부속품을 잃어버려 그길로 못 쓰게 만드는 일도 한두 번이 아니다. 기창이가 못 쓰게 만든 연필깎이며 장난감 자동차며 필통이며 조그만 인형들, 세어 보자면 참 많기도 하다. 그러니 다른 아이들과 부딪칠 일이 잦을 수밖에.

3월에 평가해 놓았던 《우리들은 1학년》을 보니 학교생활 환경 △, 기본 생활 규범 △, 사회적 관계 △, 기초 학습 기능 ○, 이렇다. 《우리들은 1학년》 교과는 3월 한 달을 지내고 평가하는 것인데, 이대로만 보면 기창이 학교생활은 참 말이 아니다. 그러나 기창이는 동무들하고 부딪치는 일은 많았지만, 저렇게 빨리 사과하고 해결해 보려고 끙끙거리며 애쓰는 마음이 아이들에게도 전해지는지 지금까지 크게 싸우지 않고 잘 지냈다. 지금도 기창이는 교실 바닥을 슬슬 기고 있다. 눈에 잘 띄지도 않는 글자 조각을 찾느라 바쁘다. 조금 전에 썼던 기창이 통지표를 찾아 좀 고친다.

우리 기창이는 조리 있게 생각을 말하는 것이 차츰 좋아지고, 자신 있어 하는 학습 활동에는 더욱 적극 참여합니다. 수학 시간에 자료를 조사하고 분류하는 활동을 아주 재미있어 하며 분류도 정확하게 해 냅니다. 신체 표현 활동은 조금 쑥스러워 해서 자기를 잘 드러내지 않고 쭈뼛거립니다. 마음에 끌리는 물건이 있으면 만져 보고 풀어 보고 다시 만드는 것을 아주 좋아합니다. 그러다 꼭 해야 할 일을 늦게 까지 못 하는 때도 더러 있고, 물건을 망가뜨려 주인하고 다투는 일도 있지만 아주 걱정할 정도는 아닙니다. 자기 잘못을 곧바로 인정하고 본디대로 고쳐 주려 애쓰는 마음이 동무들한테도 전해지는 것 같습니다.

기창이가 엎드리는 걸 보고 "나도 찾아 주께. 나도 나도." 남주가 번개같이 달려오더니 함께 바닥에 엎드린다. 그래, 이 장면에서 남주가 가만히 있을 리 없지. 남주는 요즘도 따로 남아 글자 공부를 하고 집에 간다. 다음 날 와서 어제 배운 낱말 카드를 찾아보라면 엉뚱한 데서 헛손질을 하다가 씨익 웃고 만다. 우리 남주는 무슨 과목이든 말로 설명을 듣고 말로 발표할 때는 그런대로 이해하고 따라온다. 그러나 글자를 읽을 수 없으니, 규칙 찾는 활동은 그렇게 잘해 놓고도 글로 써서 정리를 하라면 못 하겠다 한다.

　처음에는 그런대로 따라 하려고 애를 쓰더니 요즘은 책을 펴 놓고 하는 활동이나 활동지를 펴 놓는 시간에는 아예 볼 생각을 않는다. 그림이나 기호만 자세히 봐도 알 수 있는 것도 인쇄해 놓은 종이로 나눠 주면 아예 보고 싶어 하지 않는다. 우선 인쇄물과 친해지고 글자도 익히게 하려고 애쓰는데 참 어렵다. 어떻게 된 일인지 하루만 지나면 하나도 모르겠다고 한다.

　그러나 천성이 워낙 밝은 아이라, 글을 읽거나 글자 놀이를 하는 시간 말고는 무엇이든 나서서 즐겁게 한다. 연극 놀이나 소꿉 놀이, 병원 놀이 같이 몸으로 하는 일은 무엇이든 즐겁다. 다른 아이들이 하기 싫어하는 역할도 상관없다. 아무 대사도 없는 나무도 괜찮고, 누워만 있는 아기도 괜찮고, '예, 예'만 하는 환자도 괜찮다. 동무들하고 어울리는 일이면 무엇이든 즐겁게 하는 모습이 맺힌 데 없는 천사 모습 그대로다.

　더욱 예쁜 건, 우리 남주는 우리 반 동무 누구에게나 언제 어디서건 무슨 일이 생겼다 하면 정말 '짱가'처럼 쏜살같이 달려간다. 물감 놀이 시간에 물통을 엎지르면 언제 봤는지 팽 하니 달려와서 "내가 도와주까?" 하고 물통을 주워 든다. 식판을 엎어 쩔쩔매는 동무가 있으면 어느새 뛰어가서 "닦아 주까?" 한다. 찰흙 놀이를 하고 "자리 밑에 청소하세요." 하면 온 교실을 돌아다니며 쓸어 담고 있다. 제 자리건 다른 사람 자리건 따지지 않는다. 누가 고맙다고 하든 말든, 잘한다고 칭찬해 주건 말건 일이 생기면 곧바로 달려가는 아이, 남주! 글 읽고 쓰는 일만 아니면 남주는 결코 뒤떨어지거나 나무랄 일이 없는 아이다.

글자를 못 익혀서 책을 좀 못 읽는 것이 큰 문제랴, 그 어려운 규칙 찾기를 할 수 있으면 됐지 문제지에다 잘 써서 풀어야만 하는 거냐. 글자를 몰라도 받아쓰기를 못해도 남주는 얼마나 아름답게 살고 있나. 그런데 통지표만 보면 ◎ 둘, ○ 넷, △ 스물 두개다. 국어에 △셋, 수학에 △ 셋……. 이것만 보고 성급한 아버지나 어머니가 아이를 쥐 잡듯 할까 봐 그것이 걱정이다. 남주 통지표를 찾아서 정성 껏 쓴다.

우리 남주는 여럿이 어울려 함께 하는 교과 활동을 재미있게 하고, 동무들에게 곤란한 일이 생기면 남 먼저 달려가 도와주는 아름다운 마음이 빛납니다. 설명을 귀 기울여 잘 들으며, 통계 자료를 조사한 것이나, 동물과 식물을 구별하여 잘 말합니다. 아직 글자를 익히지 못하여 스스로 자신감을 잃어, 책을 읽거나 학습지 하는 것을 꺼리는데 그것이 공부에 아주 흥미를 잃게 할까 봐 조금 걱정이 됩니다. 방학 동안 글자를 좀 익히고, 2학기에 저랑 함께 글자 공부를 더 해서 자신감을 찾는다면 아주 몰라보게 나아질 것이라 생각합니다. 남주는 무엇이든 겁내지 않고, 스스럼이 없는 뛰어난 장점을 가지고 있기 때문입니다.

남주는 주은이 책상 아래로 들어가 주은이 다리를 밀쳐 보고, 옆자리 승하 다리도 밀어내면서 글자 조각들을 줍는다.

"이거 맞나?"

주은이를 준다.

"이거는 글자 아이다."

"맞나? 무슨 글자 찾아야 되는데?"

"'민' 자하고 '쌀' 자하고 찾아야 된다."

"'밈' 자하고 '삼' 자하고?"

제법 진지한 얼굴로 또 바닥을 슬슬 긴다. 웃음이 터지는 걸 억지로 참고 남주를 본다. '저 녀석 '민' 자가 어떻게 생겼는지, '쌀' 자가 어떻게 생겼는지 기억이나 할라나?'

"문남주! 니이 글자 다 아나?"

미진이가 남주한테 묻는다.

"아니."

"그러면 글자 못 찾을 낀데?"

"찾으면 물어보께."

"알았다. 내한테 물어봐라. 내가 딱 말해 주께."

미진이도 이제야 글자를 조금씩 익히고 있다. 남주랑 둘이 남아 글자 공부를 했는데, 미진이가 먼저 익혀서 저런 말을 다 한다. 글자 좀 먼저 익혔다고 놀리는 것도 아니고, 글자 모른다고 부끄러운 것도 아니고. 그저 아무렇지도 않게 주고받는 두 아이 말을 들으니 잠깐 천사들이 노는 자리에 끼어 있는 것 같다.

녀석들 노는 모습에 취해서 푹 빠져 있는 사이 남주는 종이 조각을 주워서 미진이한테 물어보고 주은이한테로 가져간다. 기창이도 열심히 주워 들고 간다.

"이거 니 거 맞나?"

"이거도 니 거가?"

이제 자리로 가서 자기 할 일 하라고 이를 참인데 주은이가 먼저 말한다.

"됐다. 고마! 또 오리면 된다. 신문지 많이 남았다."

한 조각씩 주워 들고 물어보고 또 물어보는 것이 귀찮은 것인지, 두 아이가 바닥을 기면서 글자를 찾아 주려는 모습에 누그러진 건지. 자기 일에 철저하고 잘못을 잘 안 하는 만큼 다른 아이들 잘못에 유난히 날카롭던 주은이가 오늘은 너그럽게 화를 푼다. 주은이 통지표를 찾아 한 줄 더 적는다.

자기 일에 철저하고 잘못을 잘 안 하는 만큼 다른 동무들의 잘못을 잘 참지 못했는데 이제 너그러이 이해하고 용서하는 모습이 보여서 참 대견합니다.

그동안 써 놓은 가정 통신문들을 다시 쭈욱 읽어 본다. 그동안 잘못 본 것은 없을까, 내가 미처 보지 못한 좋은 점은 또 없을까, 내 감상에 젖어, 정확한 정보보다는 마음속에 일어나는 느낌만으로 글을 써서 부모님을 헛갈리게 하는 건 아닐까, 가정 통신문을 쓸 때마다 생각이 많아진다. '아' 다르고 '어' 다르다고 내 표현이 서툴러서 부모님들이 괜히 아이들을 혼내기라도 하면 안 되는데. 그래도 고칠 건 제대로 짚어 줘서 부모님과 내가 마음을 모아 고쳐 줘야 할 것도 있는데. 그런 내 마음을 어떻게 잘 전하지? 스무 해 넘게 한 해에 두 번씩 써 온 통지표지만 쓸 때마다 이렇게 마음이 쓰인다.

선생님, 일기 날마다 내니까 좋아요?

아직도 미진이는 마음먹은 대로 글을 쓰는 것이 쉽지 않다.
그러나 다른 아이들이 한 글자 한 글자 물으러 나와도,
미진이는 한자리에서 그냥 단숨에 쓴다.
미진이가 고개도 들지 않고 글을 쓰는 모습을 보면
마치 봇물이 터진 듯하다. 하고 싶은 말이 절로 나와서
제 스스로 어떻게 가눌 수가 없는 듯하다.

아이, 나는 그카면 모르는데

1학기가 끝나고 여름방학을 지냈지만 우리 아이들 가운데는, 뭘 좀 쓰려고 하면 아직도 마음먹은 대로 쓰지 못하는 아이들이 많다. 1학기 때보다 많이 좋아지긴 했지만.

아이들은 고개를 떨어뜨리고는 아침에 보고 온 것을 열심히 그림으로 그리고 또 글로 쓰고 있다. 그림을 한참 그리던 주영이가 이제 글을 쓰려나 보다. 몇 자 쓰더니 지우개로 쓱쓱 지우네. 마음대로 써지지 않는 모양이다. 또 몇 자 쓰더니 연필 끝을 물고 고개를 갸우뚱거리다가 할 수 없다는 듯이 앞으로 나왔다.

"○짜 어떻게 써요?"

"뭐어? 좀 더 크게 말해 봐, 잘 못 들었어."

"태짜요."

종이에 '태'를 써 준다.

"이거?"

그러면서 보니까 시원한 얼굴이 아니다.

"무슨 말을 쓸 건데?"

"나는 머머를 모태 할 때 모태, 그 태짜요."

"아아, 그때는 '못해'라고 쓰고, 읽을 때는 '모태' 하고 소리가 나
거든."

그러면서 '못해'를 써 준다. 한참을 보더니 제자리로 들어간다.
제대로 알았나 싶어 들어가서 쓰는 걸 보는데 연필을 들고 만지작거
리고만 있다. '가다가 잊어버렸군.' 싶은데 아니나 다를까 다시 나
와서 천천히 한참 동안 들여다보고 들어간다. 이번에는 하나쯤 쓰는
것 같더니 다시 나와서 또 본다.

그렇게 서너 번을 나왔다 들어갔다 하면서 쓰더니 "이거 쫌 들고
가께요." 하고는 아예 종이를 들고 간다. 주영이는 그 종이와 공책
을 요래조래 여러 번 맞춰 보더니 '이제 됐다'는 듯이 종이를 갖고
나온다. 이제야 주영이 얼굴이 환하다.

"맞더나?"

글자 맞춰 보는 걸 내가 쭈욱 보고 있었다는 것이 영 쑥스러운지
씨익 웃는다.

"근데요, 우리나라 글자는 두 가지로 해야 되네요. 읽을 때하고
쓸 때하고 똑같으면 좋은데."

그리고 주영이는 내가 뭐라 말할 새도 없이 자리로 들어가서 또 무
언가를 열심히 쓴다.

아이들이 오늘 아침에 본 것을 그렇게 열심히 쓰고 있는 동안 아이
들이 쓴 일기를 보고 있는데, 급하게 뭘 조사하라면서 돌림 쪽지가
왔다. 국정감사 자료 제출이라나 뭐라나.

이번에는 재민이가 나왔다.

"짠짜 어떻게 써요?"

'짠'을 써서 보였다.

"이거?"

"아닌 것 같은데."

"재민이는 무슨 말 할 건데?"

"이짠아요 할 때 짠요."

"아아, 그거는 '자'에 ㄴ ㅎ 받침!"

재민이는 그렇게만 말하면 들어가서 쓸 수 있다. 재민이가 까먹지 않으려는 듯 중얼중얼하면서 들어가는데 뒤꼭지에다 대고 말한다.

"야아들아, 너거들 글자 물어볼 때, '있잖아요' 할 때 '잖', '못해요' 할 때 '해' 이렇게 말하면 내가 빨리 알아듣는데."

아이들은 들었는지 마는지 아무 대꾸도 없다. 다들 고개를 푹 숙이고 쓰느라 대꾸할 틈도 없는 거지. 아침에 아이들이 저렇게 글을 쓰느라 푹 빠져 있는 모습이 얼마나 기특한지, 아름답기까지 하다.

주영이만, '나 인제 '못해요' 쓸 줄 아는데.' 하는 듯 고개를 들고 나를 빤히 본다.

"그래. 주영이는 잘 쓸 수 있지?"

눈을 마주 하고 웃어 주니 주영이도 환하게 웃어 준다. 말로 하지 않아도 통하는 사이가 된 것 같아 한결 기분이 좋다.

그놈의 국정감사니, 의회 자료니 왜 그리 도서관 자료를 내라는 곳이 많은지. 벌써 몇 번째냐고 투덜투덜하면서 1학기 때 받은 두꺼운 공문 뭉치를 찾아 들고 뒤적거리고 있는데 정원이가 나왔다.

"돕짜요."

정원이는 늘 이렇다. 정원이 말에는 앞뒤가 없다. 그냥 "돕짜요." 하면 그만이다.

"무슨 말 쓸 건데?"

"독수리."

"독수리 할 때 '독' 이렇게 말하면 내가 빨리 알아듣지. 그리고 그 거는 '돕'이 아니고 '독'이지, 도 쓰고 받침에 ㄱ."

그러고 다시 공문을 뒤적거리는데 정원이가 한마디 한다.

"아이, 나는 그카면 모르는데."

고만 뒤통수를 한 대 꽝 맞았다.

아차 싶은데 정원이가 먼저 "한 개씩 써 주세요." 한다. 정원이도 주영이처럼 한 글자 쓰려면 서너 번을 나와서 보고 들어가는 아이다.

"아, 미안 미안. 정원아, 자아 봐라."

종이에다가 커다랗게 쓰면서 낱자를 하나씩 또박또박 말해 준다.

"자아, 이렇게 디귿, 오, 기역 이래 쓴다. 바빠서 그랬다. 미안! 한 번만 봐도."

그러고는 손바닥을 비비며 비는 시늉을 하니까,

"됐어요. 그래도 갤차 줬으니까. 조금만 해도 돼요."

하며 마음씨 좋게 용서해 주고 종이에 써 준 걸 들고 들어간다.

좀 있는데 이번에는 석희가 나온다.

"무슨 글자?"

바빠서 석희 얼굴도 제대로 안 보고 묻는다.

"그거 아인데. 내 화장실 간다고요."

"아아, 그래? 갔다 온나."

이렇게 1학년 교실 아침 첫 시간이 지나간다.

아, 낭도 말 쫌 합시다

한 며칠 아침저녁으로는 제법 쌀쌀하고 한낮에는 여름처럼 더워서 옷을 어떻게 입어야 할지 모르겠더니 마침내 감기에 걸렸다. 하루 이틀 앓고 나면 말 줄 알았더니 웬걸 몸살까지 겹쳤는지 며칠째 고생이 이만저만 아니다. 두 눈은 벌겋게 열에 들떠서 눈이 침침하고, 머리는 무슨 약에 취한 듯 멍한 것이 감각이 없다. 무엇보다도 아침에 일어나기가 정말 어렵다. 온몸이 얻어맞은 것처럼 욱신거리고, 손가락 마디마디부터 온 뼈마디에 힘이 다 빠져 버린 듯하다. 칫솔을 쥐기도 힘이 든다.

오늘 아침도 어렵게 어렵게 일어나 교문을 들어서는데 이미 아침 방송 조례를 시작했다. 발소리를 죽여 가며 겨우 교실로 가는데, 창 너머로 보이는 우리 교실 풍경이 참 대단하다. 걸상 위에 올라가서 배꼽 앞에 두 손을 맞잡고 "하느님이 보우하사……." 하고 고래고래 소리를 질러 가며 노래하는 녀석들, 지훈이는 아예 책상 위에 올라서서 지휘를 따라 하고 있다. 석우랑 한빛이, 상현이는 교실 한가운데 동기를 눕혀 놓고 간지럼을 태우고, 동기는 못 참는다 소리 지르고.

에구구, 이래 흐린 날에 불도 켜지 않았다. 교실 문을 열고, 스위치를 올려 불을 켜는데 스물여섯 가운데 움직이기 싫어하는 몇몇 녀석들 빼고 모두 튕기듯이 자리를 박차고 달려 나온다.

"쌤, 지각이에요."

"왜 이렇게 늦었어요?"

"쌤 어디 아파요? 머리 안 감았어요?"

한꺼번에 달려드니 아픈 머리가 더 지끈거린다. 몸이 아프면, 이래 살갑게 맞아 주는 아이들도 반갑지가 않다.

"너거들 이래 소리치면 내 지각한 거 다아 소문난다. 조용히 하고 좀 앉아라."

"아아, 할 말 있단 말이에요."

"그럼 할 말 있는 사람만 남고 다른 사람은 좀 들어가 앉지?"

서넛이 들어가는가 싶더니 다들 그대로 우르르 모여든다. 스물은 되지 싶다.

"꼭 할 말 있는 사람만 하세요."

"꼭 할 말 있어요."

"진짜 중요한 이야기만 해."

"진짜 중요한 이야기 맞아요."

"중요한 이야기 아니면?"

"억수로 중요해요."

오늘은 이렇게 할 말 있다고 달라붙는 것도 힘겹고 짜증스럽다.

"내가 들어 보고 중요한 이야기 아니면 혼내도 되나?"

그 말에는 아무도 대답을 않는다. 한 줄로 주욱 서서 차례를 기다리는 녀석들이 우습기도 하다. 어디 얼마나 중요한 이야긴지 들어나

보자.

"그럼 앞에 있는 지훈이부터 해 봐라."

"오늘 수학 시험 또 칠 거예요?"

"그럼, 오늘 쪽지 시험 친다고 토요일에 말해 줬잖아. 다음 예진이."

"받아쓰기 시험도 쳐요?"

"어. 다음 종근이는?"

"내 탬버린 안 가져왔어요."

조금씩 짜증이 올라온다. 모두 다 알림장에 적어 주고, 말로도 몇 번씩이나 했던 이야기가 아니냐.

"연희는?"

"내 알림장 안 가져왔어요."

조금씩 목소리에 날이 서려고 한다.

"그런 거는 니가 잘 챙겨 와야지. 맨날 쓰는 걸 안 가져오고는 안 가져왔다고 그라노?"

"홍대는 뭐어?"

"내 이빨 빠졌어요."

아이고 머리야. 이러다가 마침내는 아이들한테 소리를 지르고 말 것 같다. 숨을 조금 돌리고 아이들에게 말했다.

"너거들 이래 중요한 이야기를 다 들으려면 종도 몇 번이나 치겠다. 한꺼번에 다 듣지를 못하겠으니까 하고 싶은 말을 글로 써 주면 안 되겠나?"

"네에." 하는 녀석은 서넛, 모두들 시무룩하게 대답이 없다. 그걸 보니 좀 미안하다.

"내가 억수로 아프거든. 머리가 너무 아파서 머리를 들고 있으니까 눈물이 날라고 그래. 너거들 이야기를 다아 듣고 싶은데 정말로 힘이 들어서 그래."

아프다는 말에는 저희들도 어쩔 수 없는지 슬슬 자리로 들어간다. 한참 뒤쪽에 줄을 서서 기다리던 정민이는 아주 기분이 나쁜 얼굴이다.

"정민이, 화났나?"

"내 말은 안 들어 주고."

퉁명스럽게 한마디 내뱉고 자리로 들어간다.

"지금 내한테 하고 싶었던 말을 다 써 주세요. 내한테 지금 하고 싶었던 그대로 써 주면 돼요."

정민이는 여전히 입이 쑤욱 나왔다. 곱지 않은 눈길로 나를 한참 보고 앉았더니 쓰기 시작한다. 아직 마음먹은 대로 쉽게 쓰지 못하는 녀석이라 미안하긴 미안하다. 정민이는 말로 하는 것이 훨씬 좋을 텐데, 그래도 오늘은 안 되겠다.

조금 전에 줄 맨 끝에 서서 까치발로 내 얼굴을 넘겨다보던 선하도 글을 쓰고, 덩치 큰 하은이는 벌써 글을 다 쓰고 옆에다가 그림까지 그리고 있다. 글자를 빨리 익힌 석우는 글을 쓱쓱 쓰더니 맨 먼저 가져왔다.

> 왜 내 말은 안 들어 줘요. 선생님 토요일에는 사기꾼이지요.
> 내 69 맞았는데 틀렸다고 했잖아요. 사기꾼이잖아요. 하석우 올림

> 선생님 토요일에 내 생일이에요. 송가은

선생님 내 실내화 샀어요. 상훈 올림

선생님, 나는 인자 하은이랑 안 놀아요. 사이좋게 놀라고 화해했는데 그래도 안 놀 거예요. 토요일에 짝지랑 젓가락으로 콩 먹여 주기 했짠아요. 그때 나는 짝지 입에 콩 넣어 주고 짝지가 내한테 먹여 주고 하니까 꼭 연애하는 거 같았어요. 조금 부끄러웠써요. 그런데 그 말 하니까 하은이가 우리 연애한다고 소문 다 냈짠아요. 하은이하고 화해하라고 하지 마세요. 진자로 화났단 말이에요. 선하가

나는 수학이 너무 어려워요. 옛날에는 좋았는데 인제 시러요. 규칙찾기가 시러요. 나는 규칙은 업스면 좋겠어요. 윤지

선하하고 화해했어요. 그런데 또 안 놀아요. 그래도 괜찮아요. 나는 가은이하고 놀 거예요. 하은

하나둘 써 오는 글을 읽고 있자니 나도 모르게 웃음이 나온다. 그렇게 중요한 이야기라고 그토록 물러서질 않더니. 하긴 모두들 제 딴에는 얼마나 심각하고 진지하게 쓴 글들이냐. 아이들 글을 읽다가 정민이를 본다. 썼다가 지웠다가 하면서 영 마뜩잖은 얼굴이다. 뜻대로 잘 안 써지는 게지.

옆에 앉은 예진이랑 뭐라 뭐라 하더니 종이를 예진이한테 넘겨준다. 정민이는 뭐라고 소곤거리기만 한다. 아마 정민이 말하는 걸 예진이가 받아쓰는 모양이다. 예진이가 조금 받아 적더니 이번에는 읽

어 준다. 정민이는 고개를 끄덕거린다. 제 뜻대로 써진 모양이다. 또 정민이가 말하고 예진이가 받아쓴다. 그러고 나서 또 예진이가 읽고 정민이는 고개를 끄덕인다. 에구 예쁜 녀석들. 한 학기를 함께 지내더니 이젠 저렇게 서로 손이 되어 주고 입이 되어 주기도 한다. 드디어 정민이가 종이를 들고 나왔다.

> 아 낭도 말 쫌 항시다. 내가 말 하랑꼬 항는데 드어가라고 햇다. 나는 슬펑다. 나는 인자 성생님항테 하낭다. 나는 징짤로 기붕 안 좋다. 나는 인자 박선미 실다.

이렇게 쓰기까지 정민이는 진짜 힘들었을 거다. 다음부터는 예진 이가 받아써 준 모양이다.

> 왜냐하면 나는 말로 하는 것이 더 좋기 때문이다. 나는 글을 잘 못 쓰는데 글로 써라 하니까 화가 난다. 그래서 나는 할 말이 많아도 쓰기 실다. 그런데 인자 예진이가 써 준다. 나는 예진이를 사랑한다. 나는 선생님보다 예진이가 좋다. 예진아 고맙다. 주정민 씀

처음에 정민이가 내한테 꼭 하고 싶어 했던 말은 무엇이었을까? 그러나 그것보다 이 순간에는 이 말이 꼭 하고 싶었을 것이다. 글도 잘 못 쓰는 아이한테 이야기 듣기 힘들다고 글로 쓰라 했으니. 이 말 이야말로 정말로 정민이 입에서 터져 나오는 말이다.

"아 낭도 말 쫌 항시다."

나는 어굴하다

셋째 시간 시작종이 울리고, 교실로 들어오는데 상욱이가 서럽게 서럽게 울고 있다. 달래는 아이들 하나 없이 모두들 상욱이만 보고 뭐라 하는 눈치다. 닭똥 같은 눈물을 흘리면서 올려다보는데 그 눈빛이 그렇게 간절할 수가 없다.

"뭔 일인데? 상욱이가 와 이래 우는데?"

상욱이가 뭐라 입을 달싹거리는데, 기창이가 먼저 씩씩거리면서 나선다. 기창이는 화가 나거나 흥분하면 말이 빨리 안 나온다. "아 아⋯⋯." 만 연거푸 내뱉으면서 가슴을 치고 고개를 이리저리 내저으면서 답답해 한다.

"상욱이가요오, 아아, 지렁이를 괴롭혔어요. 아아, 지렁이 마이 다쳤을 걸요."

원래 목소리가 굵고 우렁찬 데다 잔뜩 흥분해서 쏟아 내는데 교실이 우렁우렁 울린다.

"그래, 상욱이가 ⋯⋯."

무슨 말을 하기도 전에 여기저기서 아이들이 먼저 나선다.

"지렁이도 좋은 일 하는 동물이잖아요?"

"억수로 높은 데서 떨어져서 지렁이 머리 깨졌을 걸요."

"지렁이 살았는지 죽었는지 몰라요."

아이들이 그렇게 몰아세우니 상욱이는 더 크게 운다. 눈물에 콧물에, 너무 울어서 머리가 아픈지 머리까지 싸잡고 운다.

"그래도 상욱이 말 좀 들어 보자. 상욱이가 왜 그랬는지. 무슨 사정이 있을 수도 있잖아."

아직도 씩씩거리는 녀석들을 겨우겨우 앉히고 상욱이를 부른다.

"저 아이들 말이 맞나? 니가 지렁이 괴롭혔나?"

"나는요ㅇㅇㅇㅇ."

상욱이는 서러워서 말을 못 잇는다.

"그래, 눈물 닦자. 코도 좀 풀고. 너무 마이 울면 머리 아프대이."

"아까 사남이 보러 갔는데요, 지렁이가 가고 있잖아요."

"그래? 비도 안 오는데 지렁이가 나왔던 갑지?"

"쎄멘 바닥에 기어 다니면 배 억수로 아프단 말이에요."

"지렁이들은 학교에 여기저기 시멘트 바닥에서도 잘 다니던데. 마이 아팠을까?"

"아파요. 선생님은 쎄멘 바닥에 안 누워 봤잖아요. 배가 얼마나 아픈데. 다 긁히고 피도 난다 말이에요."

그래, 그랬지. 지난 1학기 때, 개가 달려드는 바람에 엎어져 미끄러지면서 무릎, 배, 얼굴, 손바닥 다 갈아서 한참 동안 고생했던 상욱이다. 시멘트 바닥에 엎어져 미끄러졌던 게 얼마나 아팠으면.

시끌시끌하던 아이들도 상욱이하고 내가 주고받는 이야기를 듣는지 조용해졌다.

"그래서 어떻게 했는데?"

"흙 있는 데 데려다 줄라고 살살 잡았단 말이에요. 진짜 살살 잡았어요."

"그런데?"

"기창이 지는 아무것도 모르면서 지렁이 잡았다고 막 소리 지르잖아요. 안 그랬으면 지렁이 안 널쭈는데."

"그래? 지렁이를 널쨨나?"

"깜짝 놀래서 지렁이를 널쨨단 말이에요. 일부러 그랜 거 아니예요."

이야기를 하다 말고 상욱이는 소리를 막 지르면서 크게 엉엉 울어 댄다. 둘러섰던 아이들은 잠자코 듣고만 있더니 두어 놈이 상욱이 등을 쓸어 준다. 저거들도 미안했겠지.

"자아, 됐다. 여러분들은 고마 자리에 들어가 앉으세요."

아, 내 말을 듣자마자 상욱이가 날뛴다. 들썩거리던 어깨가 겨우 잦아드는가 싶더니, 갑자기 더 큰 소리로 울면서 책상 위에 종을 들었다 놓았다가, 앞에 놓인 빈 책상을 발로 쾅쾅 차다가, 맨 앞자리에 앉은 상현이를 밀었다가 당겼다가, 발을 탕탕 구르다가, 가슴을 치다가, 어찌 할 줄을 모르고 소리를 질러 댄다. 자리에 들어가려던 아이들도 놀라고 바로 옆에 선 나도 깜짝 놀랐다.

"상욱아, 왜? 왜? 와 그라노 어?"

"상욱아, 와? 내가 뭐 잘못했나? 와 그라노? 말을 해 봐, 어?"

놀란 가슴에 나도 말은 나오질 않고 펄쩍거리는 상욱이를 끌어안고서 자꾸 "와, 와 그라노?"만 할 뿐이다.

"상욱아, 다시, 천천히 말을 해 봐. 어? 뭔 말인지 좀 해 봐."

"내, 내가, 내가 지렁이, 지렁이 괴롭힌 거 아니고, 어어, 진짜로

지렁이 배 아플까 싶어서 살살 잡았는데, 어어, 기창이 땜에 널찠
는데, 어어, 전부 다 내 보고 지렁이 죽였다고 머라카고, 어어,
나도 지렁이 머리 깨졌는가 싶어서, 어어, 걱정 돼서 죽겠는데,
어어, 내만 머라카고, 어어……."

이 긴 말을 숨도 안 쉬고 왁왁 토해 낸다. 분을 삭이지 못해 동동
거리는 상욱이를 붙잡고 들썩들썩 하는 등을 두드리는데, 등이 다
젖었다. 놀란 눈으로 어쩔 줄 모르는 아이들을 다시 불렀다.

"상욱이가 지렁이 괴롭힌 거 아닌 거 인자 알았제?"

"예."

"그런데 너거들이 모두 상욱이 보고만 머라 했으니, 상욱이 마음
이 어땠을 거 같노?"

"……"

"상욱이 마음 알 거 겉나?"

"예."

"그라면 모두 상욱이한테 우예 해야겠노?"

하나둘 상욱이한테 가더니,

"미안하다, 잘 모르고 그랬다."

"내가 심했다, 용서해 줘."

"니이 억수로 억울하제? 인자 안 그라께."

조금 전까지 붉으락푸르락한 얼굴로 막 나무라던 아이들이 어느새
모두 순둥이가 되어서 상욱이를 토닥거린다. 한참 그러고 나더니 상
욱이도 자리로 가서 앉는다. 그래도 어깨는 여전히 가라앉질 않고
출렁거린다.

'절마 머리 억수로 아플 낀데.'

한마디 해 주려다 겨우 가라앉은 마음 들쑤시는 꼴 될까 봐 그대로 못 본 척하고, "자아, 인자 공부하자." 하는데 셋째 시간 마치는 종이 울린다.

다음 날, 교실에 들어서자마자 상욱이가 책상 앞을 왔다갔다하면서 눈치를 살핀다. 뭔 할 말이 있는 거지 싶어 기다리는데, 책상 둘레만 맴돌다 들어간다. 좀 있으니, 공책을 들고 나와서 책상 위를 힐끗거린다.

"아무것도 없네에."

아하! 저 공책을 내한테 보여 주고 싶은 거구나. 나도 모르게 입가에 웃음이 번진다.

'짜아슥, 그냥 주면 될걸.'

모른 척하고 다른 아이들 책 읽는 걸 보고 있는데, 이번엔 제법 큰소리로 혼잣말을 한다.

"오늘은 일기 아무도 안 내나?"

일기? 다른 아이들이 세 번쯤 보여 주면 한 번을 겨우 주던 녀석이 오늘은 가장 먼저 일기장을 들고 나온 것이다.

"상욱이, 그거 일기? 여기, 이 앞에 주세요. 다른 사람도 일기 보여 줄 거 있으면 들고 오고."

그제야 상욱이는 일기장을 펴 놓고 들어간다. 제자리에 앉아서도 내가 일기장을 읽나 안 읽나 줄곧 보고 있다.

2007년 9월 4일 (화) 더우서 머리가 아팠다.

나는 어굴하다. 기창이 밉다. 우리 반 아이들도 밉다. 선생님도 약간 밉다.

남주가 사남이 새끼 낳앗는 거 봐따고 했다. 새끼가 세 마리나 낳았다고 했다. 나는 강아지가 보고 싶었다. 쉴 때마다 사남이 보로 갔다. 사남이는 새끼를 아주 좋아하는 거 가탔다. 나도 새끼 강아지가 좋다. 그런데 앞에 지렁이가 가고 있었다. 그런데 비도 안 오고 세멘이 말라서 배가 아프겠더라. 나는 살 잡아서 흑땅에 데려다 주겠다 했다. 기창이가 상욱이 지렁이 잡았다 해서 나는 깜짝 놀랐다. 너무 놀래서 지렁이를 고마 널짰다. 지렁이 머리 깨져서 죽으면 우짜겠노. 나는 겁이 나다. 기창이가 우리 반 다 데리고 왔다. 우리 반은 선생님한테 다 말해 했다. 나는 지렁이가 죽은지 알고 울었는데 아이들은 또 내보고 지렁이 머리 깨진다고 약올렸다. 나는 선생님한테 다 말했다. 선생님은 우리 반 다 용서해 주삐릿다. 나는 어굴하다. 선생님은 우리 반을 너무 용서했다. 잘 모르면서 욕하는 아이들은 나쁜데 선생님이 용서해 줘서 나는 속상햇다. 나는 어굴하고 속도 상한다. 나는 정말로 모르고 지렁이를 널짰다. 우리 반은 잘 모르면서 내보고 욕했다. 선생님은 너무했다. 아이들한테 잘 가르처 주야 되는데 안 가르쳐 주고 용서했다. 선생님은 아이들한테 멀 잘 알아보고 욕해야 된다고 말해 주고 혼내야 된다고 생각합니다.

'나는 어굴하다. 기창이 밉다. 우리 반 아이들도 밉다. 선생님도 약간 밉다.' 제목만 해도 열칸 공책에 넉 줄이나 된다. 제목 끝에 '선생님도 밉다'고 썼다가 마음에 걸렸는지 '선생님도' 뒤에다 조그맣게 '약간'을 써넣었다. 지금까지 대여섯 줄 쓰면 많이 쓰던 상욱이가 이렇게 길게 토해 놓았다. 어제 분이 다 안 풀렸던 거다. 제 말을 실컷 들어 주고, 아이들한테 시원하게 한마디 해 주기를 기다렸던 거지. 제 마음도 다 못 헤아리고 선생 지 맘대로 '너무' 용서해 주어 버렸으니. 나한테 실망하고 억울한 마음이 그대로 담겨 있다. 밤에 이걸 써 놓고 얼마나 보여 주고 싶었을까. 우리 상욱이.

자꾸자꾸 쓸 거예요

우리가 이겼어요. 민준이가 내 가르기 잘한다고 좋아한대요. 칭찬도 해 주네요.

모둠 동무들하고 편 갈라 '바둑돌 가르기 놀이'를 하더니 자기편이 이긴 모양이다. 쪽지를 읽고 있는데 그새 하나 더 써서 들고 나온다.

10 모으기도 할 거요. 잘하면 민준이가 또 좋아할 걸요. 나도 할 수 있어요.

미진이는 요새 쪽지 써 주는 재미에 푹 빠졌다. 한 시간에도 몇 번씩 이런 쪽지를 써 온다. 가까이 와서 들려줘도 될 말을 꼭 쪽지로 써 오는 미진이. 저 녀석이 공책마다 알아보기 힘든 그림만 잔뜩 그려 놓던 그 미진이가 맞나 싶기도 하다. 어디 그림만 그렸나. 〈우리끼리 주고받는 이야기 공책〉이라고 예쁜 새 공책을 한 권씩 나눠 줬더니, 며칠 못 가 북북 찢어 종이비행기를 접어서 혼나던 아이가 아니냐.

―화장실 갔따가 오깨요.

―사남이 아기 좀 보고 오깨요.

―내 오늘는 지각 안 했죠?

―선생님, 우리 어제 만났지요? 안녕 말도 했짜나요.

―내 오늘 아침밥 만이 먹었서요.

―인자 쫌 놀고 오깨요.

종이에 써서 주는 것보다 말로 하면 훨씬 빠를 텐데 미진이는 꼭꼭 글을 써 준다. 뛰어놀기 좋아하는 녀석이 쪽지를 써서 책상 위에 던져 주고 바삐 달려 나가는 뒷모습을 보면, '인자 고마 말로 하지.' 싶어 쪽지 그만 쓰라고 할까 하는 마음도 든다. 그렇지만 글로 써 주는 재미에 흠뻑 빠진 미진이에게 그만두라 하고 싶지는 않다.

이 '재미난 쪽지 놀이'를 스스로 그만둘 때까지 나는 그저 받아 보고 싶다. 쪽지를 써 줄 때 환하게 빛나는 미진이 얼굴은 보고 또 보아도 싫증이 나지 않는다. 동무들이 받아쓰기 공책을 들고 자랑스럽게 점수 매겨 주기를 기다리고 섰을 때, 받아쓰기 공책이 찢어져라 연필을 휘갈겨 대던 미진이를 생각하면 더욱 그렇다.

요즘은 입학하기 전에 미리 한글을 알고 온 아이들이 훨씬 많다.

"학교 가면 공부 잘해라."

"똑똑해서 공부 잘하겠네."

어릴 때부터 이런 말을 듣고 자란 아이들은 학교에 오면 어서어서 공부가 하고 싶다. 아는 것을 자랑도 하고 싶고, 공부 잘한다는 칭찬도 받고 싶은 것이다. 그래서 입학하고 며칠 지나지 않아 보채기 시작한다.

"공부는 안 해요?"

"받아쓰기는 언제 해요?"

"일기는 아직 안 써요?"

동무하고 즐겁게 어울려 노는 재미라든가, 층층대나 나들간을 드나들 때 어떻게 하는 것이 좋은지, 손을 씻고 수도꼭지는 어떻게 하는 것이 좋은지 그런 것은 대단하지 않다. 아이들은 어서어서 받아쓰기며, 수학 쪽지 시험에서 백 점을 받아 칭찬을 듣고 싶은 것이다.

4월이 되어 1학년 교육과정에 들어가면서 갑자기 책에 글자가 많아진다. 이미 한글을 배워 온 아이들은 줄줄줄 읽기도 하고, 공책부터 펴 놓고 언제 쓰나 하고 올려다본다. 그런 아이들 가운데서 미진이는 정말 'ㄱ자'도 모르고 입학했다. 학교에 와서, 공부하고 싶어 죽겠다는 동무들 틈에서 미진이는 학습부진아 아닌 학습부진아가 되어 버렸다. 먼저 배워 온 또래 동무들에다, 갑자기 뛰어 달아나기 시작하는 교과서 속에서 저절로 학습부진아가 되어 버린 것이다.

하는 수 없이 다른 아이들이 집에 갈 때, 미진이만 따로 남겨서 글자 공부를 시작했다. 그러고 보니 예전에 1학년 교실에서 자주 쓰던 낱말 카드라는 것도 요즘은 찾아보기 어렵다. 날마다 미진이와 함께 낱말 카드를 만들고, 쭉 늘어놓고 낱말 찾아보기 놀이도 하고, 찾은 걸 읽고 써 보면서 몇 자씩 익혀 나갔다. 제 동무들 앞에서 풀 죽을까 봐 '나머지 공부'란 말은 입에 올리지도 않았지만, 어린 아이들이라도 눈치는 있다. 알게 모르게 '나머지 공부'하는 눈치를 보기 시작하더니 날이 갈수록 몰래 달아나 버리는 날이 많아졌다. 이러다 아예 공부도 학교도 다 싫다고 할까 봐 따로 남아 하는 공부는 좀 쉬면서 틈만 보고 있었다. 그러는 동안 미진이는 제 스스로도 뒤처진다 싫었던지 동무들 앞에 나오는 것도 꺼렸다. 동무들이 들려주고 싶은 이야기나 겪은 일을 쓸 때도 미진이는 그림만 그렸다.

교과서 공부를 시작하고 두어 달쯤. 아침 이야기 시간에 동무들 이야기를 조금씩 아주 조금씩 듣고, 동무들이 쓴 글에 귀 기울이기 시작하더니, 어느 날 미진이가 그림을 그리고 남은 곳에 글을 써 왔다. 동무들이 쓴 글을 붙여 놓고 종알거리는 그 틈에 끼어서 미진이도 이야기를 하고 싶었을까?

아침에 읽어 줄 글 두 편을 뽑을 때 미진이 글을 뽑았다. 처음으로 스스로 써 온 글이다.

시평노 교해에서 선생님 바따. 차 타고가따. 선생님해느데 그양 갔따. 나는 서섭하다. 내일 학교에서 마나면 마래야지.

얼마나 반가운가. 아이들 앞에서 큰 소리로 읽었다. 미진이 마음이 되어, 아이들이 잘 알아들을 수 있게 고쳐 읽는다.

"신평로 교회에서 선생님을 봤다. 차를 타고 지나갔다. 선생님 하고 불렀는데 선생님은 모르고 그냥 갔다. 나는 섭섭하다. 내일 학교에서 만나면 말해야지."

"아, 미진이가 나를 보았구나. 나도 미진이 보았으면 '안녕' 했을 텐데. 아아 아섭다. 미진아, 다음에 만나도 꼭 인사하자. 그때는 나도 잘 볼게."

미진이가 쑥스러운 듯 고개를 숙이는데 환하게 웃음이 번졌다. 그러기를 몇 차례, "일기장이에요." 미진이가 공책을 사 왔다. 동무들처럼 일기를 써 보겠다고 제 스스로 공책을 사 온 것이다.

6월 22일 (금)

날씨 : 어재 비가 마니 와서 놀로 모 각습니다

어재 강아지하고 우리 강아지하고 재미께 노라습니다.

동무들 앞에서 크게 읽어 준다.

"날씨, 어제 비가 많이 와서 놀러 못 갔습니다. 어제 강아지하고 우리 강아지하고 재미있게 놀았습니다."

미진이가 웃는다.

학교에서 글을 쓸 때도 미진이는 이제 그림만 그리지 않고 글도 쓴다. 하루하루 글이 느는 것이 보인다.

7월 12일 (목) 날씨 : 맑음

오늘 강아지하고 재미있게 놀았습니다. 강아지하고 산책을 나갔습니다. 학원에 놀노갔습니다. 오늘 학교어서 사남이를 보았습니다. 친구와 텔러비젼을 보았습니다. 아는 친구를 만났습니다. 종이배를 만드었습니다. 친구하고 놀는 것이 텔러비젼 보고 노는 것보다 더 재미이습미다.

물론 아직도 미진이는 마음먹은 대로 글을 쓰는 것이 쉽지 않다. 미진이가 써 놓은 것을 읽기도 쉽지 않다. 그러나 다른 아이들이 "바까테는 어떻게 써요?", "돌멩이는 어떻게 써요?" 하고 한 글자 한 글자 물으러 나와도, 미진이는 한자리에서 그냥 단숨에 쓴다. 내하고 싶은 말은 내가 알아서 쓴다는 고집이 보이는 듯도 하지만, 미진이가 고개도 들지 않고 글을 쓰는 모습을 보면 마치 봇물이 터진 듯하다. 쓰고 싶어 어찌할 수 없어서, 하고 싶은 말이 절로 나와서 제 스스로 어떻게 가눌 수가 없는 듯하다.

9월 20일 (목) 날씨 : 더운대요

사남이 아기가 세 마리데 한 마리가 없서요. 어떠 언니야가 가져 갔데요. 젖 먹거야 되는데 데리고 갔서요. 3학년 언니야가 너무 하고 싶어서 데리고 갔서요. 교장 선생님이 젖 다 먹고 준다고 데리고 어래요. 그래도 안 대리고 왔서요. 아기가 젖 안 먹으면 안 죽어요? 살 수도 있어요? 나는 아기가 죽으면 슬포요. 언니가 사남이 아기 가져온면 좋케서요. 젖 아 머글 때 교장 선생님이 준다 했써요. 언니야 착하니까 데리고 와. 알겠지?

드디어 미진이 말문이 터졌다. 일기 쓰기에 재미를 붙이더니 하고 싶은 말이 있으면 언제든 쓴다. 또또상자에서 헌 종이를 찾아 쭉 찢어서 써 오기도 하고, 제가 아끼는 예쁜 수첩을 찢어서 적어 오기도 한다. 하도 아무것이나 찢어서 써 오길래 포스트잇을 하나 사 줬더니 한 며칠 열심히 썼다. 그것도 그뿐 요즘은 다시 또또상자 헌 종이를 쓴다. 포스트잇은 너무 작아서 쓰기 어렵단다.

처음에 쪽지를 써 왔을 때는 읽고 무슨 말이든 해 주기를 기다리더니 요즘은 채 읽기도 전에 돌아선다. 가끔은 제자리에 앉아 내가 쪽지를 다 읽을 때까지 기다렸다가 눈을 맞추고 수줍게 웃기도 하면서.

— 어재요 나무입 주었잖아요. 나도 세 개 주었어요. 내일 선물 할 거예요. 선생님 선물이에요.

—오늘 지각 안 했지요? 어제밤에요 9시에 잤어요. 다음에는 9 안 쓰께요.

—친구하고 싸우면 안 되죠? 민준이가 내 그림 째서요. 그래도 안 싸워서요. 모르고 그랬다자나요.

쉴 새 없이 가져오는 미진이 쪽지. 그 속에 글을 쓰는 재미가 들어 있다. 1학년 입학하기도 전에, 무엇 때문에 글을 배워야 하고 왜 글을 쓰는지도 모르면서 글자부터 다 알아 버린 여느 아이들은 도무지 알지 못하는 그런 뿌듯한 재미가 들어 있다. 일기를 쓰려다가 하고 싶은 말이 생기면 네 쪽이든 다섯 쪽이든 줄줄 쏟아 내는 그 힘은 글을 쓰는 재미를 제대로 알기에 나오는 힘이다.

10월 8일 (월) 날씨 : 맑음

어제 민준이와 나와 가치 해바라기 씨앗을 심으로 갔는데 만약에 꽃이 핀다면 친구들을 불러와서 자랑을 할 것입니다. 그리고 만약에 꽃 생일이 왔다면 우리 반 친구들과 선생님과 생일잔치를 할 것입니다. 해바라기 꽃 생일이에요. 집에서는요 초코파이상자를 가방으로 만들었거든요. 그리고 엄마와 공부를 했는데 갑자기 아빠가 와서 엄마는 아빠한태 엄마가 뭐라고 말했는데 엄마가 짜증을 내더라고요. 머 때문에 짜증을 냈는지 지금도 몰라요. 이제 아까는 제국이 오빠야가 우리 집에 놀러 왔는데 침대에 누웠어요. 근대 제국이 오빠야가 기분이 좋다고 했어요. 나도 옆퍼서 모래시게 갖고 시간 놀이를 했어요. 제국이 오빠야가 오니까 아주 좋았어요. 아, 어제부터 아직까지 기뻐요. 그런데 걱정돼요. 엄마가 머 때문에 짜증을 냈을까요?

　아참 근대요 선생님은 내가 일기 날마다 내니까 좋아요? 아래께 말했지요? 미진이 인자 하고 싶은 말 잘 쓰네. 나는 그때 선생님이 참 미인 같았서요. 나는 선생님이 그렇케 미인인 줄 몰랐서요. 나는 선생님이 좋았서요. 나는 일기가 좋았서요. 자꾸자꾸 쓸 거예요. 일기 쓰면 기분 좋고 상쾌해요. 인자 내일 쓰께요. 잠자야 되요. 늦게 자면 내일 지각하면 안 좋차나요. 인제는 일찍 자고 일찍 일어나거든요. 근데 아니요 잠 안 잤을 때 또 무슨 일 생기면 또 쓰게요. 지금은 인자 할 말 없서요. 그런데 엄마는 머 때문에 짜증을 내슬까요?

이제 미진이는 글 공부에 불이 붙었다. 제가 쓰고 싶은 말을 쓰려면 한글을 알아야겠다고 제 스스로 깨달은 것이다. 1학기 때 신문지 오리고 잡지 오려서 낱말 만들 때, 요리조리 피하기만 하고 시간만 끌던 그 미진이가 아니다. 아무 종이에서나 모르는 글자가 나오면 읽어 보라고 들고 온다. 미진이가 진정한 글 공부를 하고 있는 것이다.

　'그래 글 공부는 이렇게 시작해야지.'

미진이한테서 제대로 배운다.

오늘은 단풍잎 잔치를 했는 거 같다

11월 첫째 월요일. 오늘따라 좀 늦었다 싶었는데, 아이구 이게 웬 망신? 운동장에 헐레벌떡 뛰어 들어가는데 모두모두 운동장에 나와 있다.

'어어, 이기 뭔 일?'

'아하, 토요일에 그랬제? 월요일 아침에 전교 조례하는 거 사진 찍는다고.'

그새 깜박 잊고 있었다. 하필 이런 날 지각을 해서, 우리 학교 식 구들이 모두 알아 버렸다. 우리 반 아이들은 옆 반 선생님이 데리고 왔나? 두 줄로 서서 다리를 꼬고, 몸을 흔들거리고 있다. 조례대 위 에서는 이미 '교장 선생님 말씀'이 시작되었는데, 듣지도 않고 교문 쪽만 바라보고 있었던지 한 녀석이 외친다.

"어어 선생님이다, 선생님!"

"어데? 맞네, 쌤!"

"선생님 온다. 와, 우리 선생님이다."

"박선미 선생님!"

'아이구우 그냥 좀! 조용히, 모른 척하고 넘어가지. 그렇게 반갑

다 안 해도 되는데.'

남의 속도 모르고 모두 다 목을 쭈욱 빼고 내 쪽만 보느라 난리가 났다. 교장 선생님 눈치가 어떤지 아이들은 모른다. 좀 조용히 하고 교장 선생님 쪽으로 보라고 손을 내젓는데, 저희들 보고 반갑다 하는 줄 알았나 보다. 이젠 아주 팔딱팔딱 뛰면서 두 팔을 높이높이 흔들어 댄다.

"선생니이이이임!"

"쌔애애앰!"

나를 보고 이토록 반가워하는 이놈들을 예쁘다 해야 되나, 눈치도 없는 놈들이라 얄미워해야 하나. 아이들 호들갑은 불같이 번져서 1반, 2반 아이들까지 거든다.

"3반 쌤이다, 3반 선생님!"

에구구, 운동장 바닥에 이대로 스르르르 스며들 수만 있다면! 1반, 2반 선생님이 나서서 달뜬 아이들을 누그러뜨리느라 진땀을 뺀다. 가까스로 아이들 앞에 가서 손가락을 입에 붙이고 '쉿, 쉿, 조용히!' 하며 겨우 바로 세우긴 했다. 그러나 이미 '교장 선생님 말씀'은 중간에서 '짤리고', 우리 학교 모든 아이들과 선생님들이 내 쪽을 보고 있다. 고개 돌려 조례대 위를 보진 않았지만 교장 선생님 눈길이 어땠을지 짐작이 간다.

어수선한 분위기가 좀 가라앉자 교장 선생님은 다시 '말씀'을 시작하신다. 졸업 앨범 사진을 찍는 아저씨가 옆에서, 앞에서, 위에서 이쪽저쪽 커다란 카메라를 들이댄다. 한번 어수선해진 아이들은 교장 선생님 말씀에 집중하지 못하고 그저 서라는 대로 서서 눈길은 사진사 아저씨만 따라다닌다.

사진사 아저씨가 층층대를 올라간다. 아이들 눈도 층층대로 올라간다. 바람이 휘이이익 분다. 층층대 위에 우뚝 선 커다란 느티나무 잎이 바람을 타고 휘리리리릭 높이 날리더니 교장 선생님이 선 조례대 위로 흩어진다. 노란 새 떼가 날아든 것 같다.

"와아아!"

"우와아아아!"

입을 꼭 다물고 눈으로만 이리저리 아저씨를 쫓던 아이들이 저희들도 모르게 소리를 지른다. 깜짝 놀라서 손가락으로 입술을 막고 "쉿, 쉿!" 해 보지만 아이들 눈은 반짝반짝, 입에서는 탄성이 절로 나온다.

"니이 봤나?"

"봤다. 진짜로 멋지제?"

휘리릭! 바람이 또 한 번 분다. 노랗게 물든 느티나무 잎들이 또 후루루루 날린다. 아이들도 "우와아아아아!" 또 소리를 지른다. 이번에는 노란 색종이를 찢어 뿌린 듯 하늘 높이높이 올라 흩어진다.

"와아, 저 봐라. 억수로 높제?"

"나비 겉제?"

"눈 오는 거 안 겉나?"

"와아! 빙빙 도는 거 같다."

지난주에 시 써 본다고 운동장에 나왔던 그대로다. 하늘을 보고, 새를 보고, 운동장 울타리 아래 쌓인 나뭇잎들을 보고 한마디씩 해 보랬더니. 지금이 그 시간인 줄 아나. 여기저기 난리도 아니다.

그러잖아도 지각해서 민망해 죽겠는데 저 아이들까지! 오늘 전교 조례 분위기는 우리 반이 다 망쳐 놓았다. 어째 손을 쓸 수도 없다.

조용히 하라고 외쳐 보았자 내 시끄러운 목소리만 하나 더 보태는 꼴이 되겠고, 손짓으로 눈짓으로 아무리 들뜬 마음을 가라앉히려고 해도 내 눈짓, 손짓 따위가 눈에 들 리 없다.

아예 마음을 접고, 어서 교장 선생님이 대충 마무리하고 끝내 주기만 기다리는데 또 바람이 휘이익 분다. 층층대에 쌓여 있던 가랑잎들이 데구르르 굴러 한쪽 구석으로 모인다. 작은 병아리들이 쪼르르 달려가는 것 같기도 하고, 가랑잎들이 두 발로 서서 종종종 달음질치는 것 같기도 하다. 마침내 층층대 끝에서 화악 날아오른다. 내가 봐도 정말 멋지고 아름답다. 아이들 혼을 빼 놓을 만하다.

"와우!"

"이야아아아!"

아예 귀 막고 눈 감고 서 있는 게 낫겠다. 길고 긴 운동장 조례는 어찌어찌 끝이 났다. 줄을 서서 교실로 따라 들어오면서도 아이들은 모두 바람 이야기, 가랑잎 이야기뿐이다.

"회오리 바람 아닐까?"

"맞나?"

"눈 오는 거 같더제?"

"새가 확 날아가는 거 같더라."

"내한테 막 오는 거 같던데."

저렇게 푹 빠져들어서 들뜬 감흥을 놓치고 싶지 않다. 아무 말도 안 하고 교실로 왔다.

"오늘 아침은 주말 지낸 이야기 말고 오늘 아침 운동장 조례 이야기를 써 볼까?"

자리에 앉자마자 글 쓰라는데도 오늘은 별로 싫은 내색을 안 한다.

"그림도 그려도 돼요?"

"그럼."

아무것도 없는 하얀 종이를 줬다. 보기 글도 읽어 주지 않았다. 아무 말도 더 하지 않았다. 마음에 일어나는 무엇이라도, 자유롭게 써 보라고. 필통 달그락거리는 소리가 잠깐 나더니 이내 조용해진다.

종이 한 장 펴 놓고 이렇게 순식간에 조용해지는 아이들, 가슴이 뻐근해 온다. 언제 이렇게 커 주었는지, 어째 이래 예쁘게, 장하게 자라 주었는지. 나중에 이 아이들이 써 내는 글이 좀 모자라면 어떠랴. 감동이 적으면 어떠랴. 그림을 그리듯이 잘 살려 쓰지 못한들 어떠랴. 방금 황홀하게 빠져들었던 그 장면을 붙잡아 쓰느라 글에 빠져든 이 아이들, 얼마나 대견스럽고 고마운지! 눈치 없이 소리 질러 날 민망하게 한다 싶었던 것이 도리어 미안하다. 고개 숙이고 아예 드러눕다시피 엎드려 글을 쓰는 아이들을 하나하나 내려다보는데 자꾸자꾸 고맙고 예쁘고 대견하고 눈물겹다. 글을 다 썼는지 빈 자리에 그림을 그리다가 지웠다가 또 그리는 모습도 참 곱다.

> 교장 선생님이 말하실 대 노란 나옆이 떨어졌습니다. 그리고 노란 낙옆이 뒤에도 오고 오른쪽도 오고 왼쪽동 왔습니다. 노란 낙옆이 모래 바닥에서 돌고 있었습니다. 노란색 한 낙옆은 높이 날아 있었습니다. 오늘은 낙옆들이 훌륭했습니다. 교장 선생님 말이 끝이 났습니다. 머라 하는지 몰랐습니다. (신승하)

> 나겹이 떨어지면서 바람에 나라간다.

나겹이 하늘을 나는 것 같다.

나는 새인 줄 알았는데 땅에 떨어지니까 나겹 맞네.

"얘들아 진짜 예쁘제?"

나무에서 떨어지면서 바람에 나라가고 바람에 나라가면서

하늘을 뱅뱅 돌고 참 멋지다.

나도 마냥 나겹이라면 예쁜 색깔이 되서 새처럼 날고 싶다. (박민영)

나겹이 바람 때문에 아주 멋지게 날라갔다.

나겹이 아주 높이 하늘에 올라갔다.

난 깜짝 놀랐다.

난 정말 이런 건 처음이었다.

나겹도 날 수 있었다. (이민준)

나무에서 단풍잎이 비처럼 내렸다. 날아다니는 단풍잎은 꼭 새처럼
보였다. 교실에 올 때 발에서 스스슥 소리가 났다. 발을 보니
단풍잎이었다. 오늘은 단풍잎 잔치를 햇는거 같다. (황민석)

오늘은 종회를 했다. 나무를 보니 가을이란 게 생각났다.
언니들이랑 아이들이 상장을 받았는데 머리 위에 빙빙 돌았다.
나겹들이 마침 축하를 해 주는 것 같았다. 그리고 노랑색 나겹들만
떨어졌다. 꼭 금이 내리는 것 같았다. (최세윤)

운동장 조회 때 나뭇잎이 떨어지는 것을 보았다. 천사가 하늘로
올라갈 때 날개 깃털이 떨어지는 것 같다. 친구들 모두 소리를 크게

냈다. 선생님이 쉿 쉿 해도 그냥 했다. 오늘은 친구들이 상을 많이 받아서 나뭇잎도 기분 좋게 날았다. 높은 데까지 날아갔다가 층계에 내려왔다. 조로로록 구불러갔다. (김주난)

바람이 쌔개 불어서 태극기가 날아갈 것 같았어요. 붙어 있을라고 하는데 자꾸 바람이 떨어지라고 해서 태극기가 팔이 아팠을 거예요. 바람이 쌔개 불어서 나뭇잎도 나무에서 떨어져나가고요. 나뭇잎은 손에 힘이 없을 거예요. 우리한테로 막 날아오는데 좀 돌다가 땅에 떨어졌어요. 나뭇잎도 떨어지기 싫어슬 거에요. (여정운)

낙엽이 많이 많이 떨어졌다. 바람이 불어서 낙엽이 떨어졌다. 낙엽이 많이 많이 떨어지는 게 보는 것이 처음이다. 근데 낙엽 떨어지는 게 처음 봤다. 원래는 우리가 안 볼 때만 떨어진다. 낙엽이 떨어지는데 눈이 내리는 것 같더니 땅에 떨어지니까 도로 낙엽이 되었다. 하늘에 낙엽이 날아다닐 때는 진짜로 눈처럼 보인다. 낙엽이 눈처럼 진짜였다면 기분이 좋았겠다. (김진희)

운동장에 낙엽이 떨어진다. 바람이 불어가지고 나뭇잎이 많이 떨어졌는데 나한테 나뭇잎이 점점 다가오는 것 같다. 날아다니는 것을 보면 기분이 좋다. 땅에만 있는 낙엽을 봤는데 하늘 땅까지 바야 한다는 생각이 들었다. 낙엽은 땅에도 있고 하늘에도 있다. 나는 오늘 인자 알았다. (이상현)

나는 운동장에서 교가 제창이랑 교장 선생님이 상장을 주시는 거랑 하고 있는데 나뭇잎이 만이 떨어져서 눈이 내리는 느끼이었다. 또 나뭇잎이 떨어져서 눈이 자꾸자꾸 나뭇잎을 자꾸 쳐다본다. 안 보고 교장 선생님 들을라고 그래서 나는 그냥 소리만 들었다. 그런대 교장 선생님 소리는 너무 안 나고 나무잎 눈 내리는 거 같다. 지짜로 눈이 내리는 거 같다. (박지현)

이래 하니까 잘 맞힌다, 그자?

"내 마음속에 식물이 있습니다."
"운동장에 있습니까?"
아이들 눈이 더 반짝거린다.
나눔이 모둠에는 딴 데를 멀거니 보는 아이가 없어졌다.
오늘은 내가 아이들에게 좋은 걸 배웠다.
선생한테서 배우는 것보다 아이들 스스로
저희들한테 딱 맞는 범위를 찾아내는 것이
더욱 빛난다는 걸 오늘 다시 알았다.

야, 우리는 고마 가위바위보로 정하자

'강아지똥'을 읽고 연극 놀이를 하기로 했다. 모둠 동무들 수에 맞게 꼭 필요한 역할을 뽑으라고 했더니 모둠마다 왁자지껄하다. 한 모둠에 넷인 동무들은 넷에 맞추느라 시끄럽고, 다섯인 모둠은 나름대로 다섯을 만들어 내느라 말이 많다.

나눔이 모둠이 가장 시끄럽다. 목소리 큰 홍대, 절대로 지지 않는 하은이, 은근히 고집 있는 동기, 내 눈엔 얌전한데 아이들을 확 휘어잡는 예진이. 이 아이들은 뭘 의논해도 쉽게 끝이 나지 않는다. 그런데 오늘은 제법 잘 되고 있는 것 같다. 한참 이야기를 주거니 받거니 하더니 하은이가 뒤로 달려가 또또상자에서 한 번 더 쓸 종이를 한 장 꺼내 간다.

"하고 싶은 역할 불러라."

하은이 말에 홍대도 뭔가 부르고 동기도 무엇인지 부른다. 아마 등장인물 넷을 먼저 정한 모양이다.

제법 잘하고 있다 싶어 다른 모둠을 둘러보는데 갑자기, 정말 순식간에 홍대하고 하은이가 엉겨 붙어 서로 두들기고 싸우기 시작한다. 다른 모둠 아이들도 모두 그쪽으로 우르르 달려가 모였다. 그냥 두면 이번 시간 공부는 안 되겠다. 할 수 없다. 내가 끼어들어야지.

"홍대, 자리에 앉아라. 하은이도 어서 자리에 앉고."

조금도 질 것 같지 않던 두 아이들이 내가 끼어들기가 무섭게 엉엉 울기 시작한다.

"울기는 와 우노? 조금 전까지는 안 울고 잘 싸우더만."

홍대가 입을 삐죽거리면서 뭐라고 말을 하려는데 하은이가 말을 가로막는다.

"홍대는 지 하고 싶은 것만 할라고 하잖아요."

"뭐어? 니는 맨날 니 맘대로 시킨다 아이가."

홍대도 지지 않고 눈을 부라린다.

"아까 내가 볼 때는 나눔이 모둠이 의논을 참 잘하고 있네 싶더마는. 갑자기 와 이래 싸우게 됐노?"

"강아지 똥하고요, 참새하고요, 민들레하고요, 그라고 농부 아저씨를 정했거든요. 그런데 홍대가 자기는 강아지 똥 안 한다고 고집 부리잖아요."

하은이는 눈물이 그렁그렁하면서도 말은 또박또박 다 한다. 아직도 흥분이 가시지 않은 홍대는 얼굴이 벌건 채로 또 달려든다.

"니 맘대로 시키니까 그렇지. 나는 농부 아저씨 하고 싶은데."

"그거는 동기가 한다 아이가?"

"내가 농부 하고 싶단 말이야."

둘이 하도 팽팽해서 내가 끼어들 틈도 없다. 아름이 모둠 경철이가 거든다.

"너거도 우리처럼 그냥 가위바위보 해라."

"나는 가위바위보 하기 싫단 말이야."

홍대는 분한 마음을 삭이지 못한 듯 이번에는 경철이한테로 달려들려고 한다.

"우리는 가위바위보 해서 빨리 정했는데……."

경철이는 홍대가 달려드는 기세에 눌려 금방 쑥 기어들어 가 버린다. 경철이랑 한 모둠인 기훈이가 나선다.

"가위바위보 해서 정하면 안 싸우고 빨리 정할 수 있는데."

"가위바위보 하면 안 하고 싶은 것도 걸린단 말이야. 나는 농부 아저씨 하고 싶은데, 참새하고 강아지 똥 걸리면 안 된다 말이야."

들어 보니 홍대 말이 맞기는 맞다. 저는 꼭 하고 싶은 것이 있는데 그걸 가위바위보 해서 정하라고 할 수는 없다. 그래, 이쯤에서 가위바위보로 정하는 때도 있고 생각을 모아서 서로 의논을 해야 하는 때도 있다는 걸 깨달아야 한다. 아이들 모두 앉혀서 이야기를 해 보자.

"홍대야, 잠깐만 참고. 자아 다른 사람들도 자리에 앉아 보세요. 내가 들어 보니까 홍대 생각도 틀린 게 아니거든. 그런데 이렇게 의견이 다르니까, 다른 모둠은 어떻게 생각하는지 좀 들어 볼래?"

아이들을 진정시키고 자리에 앉히긴 했지만 한번 들끓은 교실은 조용해지기가 쉽지 않다. 노래를 두어 자리 부르고, 손뼉치기도 몇 가지 하면서 겨우 제자리로 돌아가 앉았다.

"나눔이 모둠에서 왜 싸웠는지 알겠어요?"

대부분 "알아요.", "알아요." 하고 나서지만 몇몇은 교실에 무슨 일이 있었는지 그야말로 깜깜하게 모르는 얼굴로 물끄러미 올려다본다.

"그럼 홍대 이야기를 한번 들어 봅시다. 홍대, 왜 싸우게 됐는지 이야기해 볼래?"

"있잖아요. 우리 모둠은요, 강아지 똥하고요, 참새하고요, 민들레하고요, 그리고 농부 아저씨를 한다고 했거든요. 그런데 참새는 하은이가 하고요, 민들레는 예진이가 하고요, 그리고 농부 아저씨는 동기가 하면 강아지 똥 한 개만 남잖아요. 나는 그거 하기 싫은데. 나도 농부 아저씨 하고 싶다고 강아지 똥 안 한다고 했는데 하은이가 한 개밖에 없으니까 자꾸 내보고 하라고 하잖아요."

"그럼, 다른 사람은 어떻게 정했지?"

"일 번부터 자기 하고 싶은 거 한 개씩 잡았는데 나는 사 번이니까 안 좋은 거만 남잖아요."

"그래도 번호대로 하기로 했다 아이가?"

옆에서 듣고 있던 하은이가 끼어든다.

"다른 모둠은 어떻게 정했어요?"

"우리는 가위바위보 해서 이긴 사람이 먼저 골랐어요."

"우리는 그냥 자기 하고 싶은 거 말하니까 다 정해졌어요."

"우리는 번호 차례대로 말하기 했어요."

"우리는 오늘 모둠 심부름꾼이 다 정해 줬어요. 여자는 참새하고 민들레 중에서 하고요, 남자는 농부 아저씨하고 강아지 똥 하면 돼요."

"홍대는 이 방법 중에 어떤 방법이 좋을 것 같은데?"

"다 싫어요."

"그래? 그런 것 말고 더 좋은 방법이 있을까?"

금방 좋은 방법이 떠오르진 않지만, 하여튼 동무들이 말한 방법은 다 마음에 안 차는 얼굴이다.

"다른 모둠 방법을 들어 보니까 좀 더 좋은 방법도 있을 것 같은

데, 홍대는 왜 다른 모둠이 했던 방법은 싫지?”

“…….”

“그럼 홍대는 왜 꼭 농부 아저씨가 하고 싶은지 말해 볼까?”

“나는요 아저씨 성대모사를 억수로 잘한다 말이에요. 그리고 얼굴
에 아저씨 수염도 멋있게 만들 수 있단 말이에요.”

“그래? 그래서 꼭 농부 아저씨를 해야 한다고 그랬구나. 동무들

앞에서 아저씨 흉내 한번 내 볼까?"

홍대는 앞으로 뚜벅뚜벅 나오더니 아저씨 흉내를 낸다. 방금 전까지 얼굴이 벌겋도록 화가 나 있던 모습은 찾을 수가 없다. 굵은 목소리가 제법 아저씨 같다. 아이들이 모두 손뼉을 친다. 나도 손뼉을 따라 치면서 나눔이 모둠 아이들을 보니 동기도 하은이도 예진이도 모두 손뼉을 치고 있다.

"와아, 진짜로 아저씨 같다. 이래 잘하니까 꼭 농부를 하고 싶었던 거구나. 너거들도 그래 생각 안 하나?"

"예에, 진짜 아저씨 목소리 같아요."

"그런데, 잠깐만! 만약에 나눔이에서 가위바위보로 등장인물을 정하면, 홍대가 강아지 똥이나 민들레 걸려서 아저씨 목소리를 못 낼 수도 있잖아."

"그러니까 홍대는 농부하는 게 좋겠어요."

여기저기서 "맞아요.", "맞아요." 한다. 이제야 홍대 얼굴이 좀 풀렸다. 이쯤에서 가위바위보냐, 생각을 모아서 의논을 하느냐, 어떤 경우에 어떤 방법이 좋을지 이야기를 모아야 한다.

갑자기 석우가 "밥 안 먹어요?" 한다. 그러고 보니 어느새 점심시간이다. 교실 앞에 밥차가 와서 기다리고 있다. 밥을 옆에 두고 무슨 공부가 되겠노? 다 두고 밥부터 먹어야지. 그러나 여기까지 생각을 겨우겨우 끌고 온 것이 너무 아깝다. 이제 조금만 더 이야기하면 '토의'가 왜 필요한지, 생각이 서로 다를 땐 어떻게 하면 좋을지 결론을 낼 수 있는데.

'아 밥차는 오늘따라 와 이래 시간을 딱 맞추어 오노?'

욕심을 버릴 수가 없어 한마디 한다.

"오늘은 다섯째 시간도 있으니까, 밥 먹고 모둠끼리 이야기 좀 해 보세요. 조금 전에 홍대처럼 자기가 꼭 하고 싶은 인물이 있으면 이야기하고, 왜 꼭 그게 하고 싶은지 이야기해서 역할을 다시 정해 보세요. 서로 생각이 달라도 하고 싶은 까닭을 들어 보면 이해할 수 있을 거예요."

아이들은 밥그릇을 들고 반찬을 뜨면서 귓등으로 흘리듯이 "네에, 네에." 한다. 그래 이것도 내 욕심이지. 저쪽에서 기훈이가 아름이 모둠 아이들한테 소곤거린다.

"야아, 우리는 그냥 가위바위보로 빨리 정해 뿌고, 꿈동산에 가서 놀자. 빨리 밥 묵어라이!"

놀이를 만드는 아이들

"자아, 자아, 여기 바둑알이 몇 개 있어요?"

"열 개요."

바둑알이 든 통을 열었다 닫았다 바쁜 녀석들, 딸그락딸그락 흔들어 대는 녀석들, 바둑알을 통째로 떨어뜨렸다가 떼구르르 굴러가는 바둑알을 쫓아가는 녀석들 모두 모두 불러 모은다.

"이제 두 손을 맞잡고 잘 섞이게 흔들다가, 자아 이렇게 하나, 둘, 셋! 양쪽으로 나누어 줍니다."

아이들이 눈을 반짝거리면서 차락차락 소리가 나는 손을 본다. 반짝거리는 눈길에 바둑알을 쥔 손이 뚫릴 지경이다.

"왼손, 오른손으로 몇 개씩 나누어졌을까? 한번 맞혀 볼래요?"

약장수처럼 두 팔을 쫙 벌리고 서서 요란을 떨어 대는 나를 올려다 본다.

"다섯 개, 다섯 개요."

"그래? 아닌 것 같은데? 한쪽이 좀 더 많게 쥐어졌거든."

"네 개, 두 개요."

"에잉, 그건 아니다. 처음에 모두 열 개가 있었는데."

"세 개, 일곱 개요."

"딩동댕, 맞았습니다. 모둠 동무들하고 이렇게 바둑알 놀이를 하는 거예요. 한 번 할 때마다 몇 개, 몇 개씩 나누어졌는지 여기 써 두세요."

아이들은 바둑알 열 개로 10이 되는 더하기와 10에서 빼기 공부를 열심히 한다. 아니 열심히 논다.

"찬스 써라, 찬스!"

'어엉, 무슨 찬스? 찬스 같은 건 없었는데.'

아름이 모둠 옆을 지나가다가 걸음을 멈추고 아름이 모둠이 노는 것을 본다. 남주가 눈을 지그시 감고 잠깐 생각하더니, "찬스!"를 외친다.

"정운이, 보여 줘라. 찬스 불렀다 아이가."

정운이가 왼쪽 손을 펴더니 남주에게만 가만히 보여 준다. 남주는 살짝 웃더니 한 번 더 크게 외친다.

"삼하고 팔!"

아름이 모둠 아이들 모두 책상을 친다. 아깝다는 거다.

"야아, 와 그라노? 삼, 팔이면 십 넘는다 아이가?"

"니는 왼손 힌트 줬는데도 모르나?"

"왼손이 삼이면 십에서 삼을 빼야지 된다 아이가?"

정운이만 만족한 듯 빙그레 웃고, 나머지 아이들은 애가 탄다.

"아아 실수다. 빨리 할라니까 그렇지. 니도 빨리 하면 그럴 수 있다."

남주도 기죽지 않는다. 아아, 아이들이 참 대견스럽다. 저희들끼리 어떻게 저렇게 재미난 규칙을 만들어 냈느냐 말이다.

- 다섯 개, 다섯 개를 알아맞힌 사람은 찬스를 쓸 수 있다.

- 찬스를 외치면 왼손에 있는 바둑알을 보여 줘야 한다.

- 왼손에 있는 바둑알을 보고 양손에 몇 개, 몇 개인지 맞히면 된다.

아이들이 참 빛나 보이는 순간이다.

"그러면 오른손 찬스도 있나?"

"없어요. 나중에 생각나면 또 만들 거예요."

오래 생각하지도 않고 바로 대답한다. 곧 다음 차례인 지연이가 바둑알을 쥐고 흔든다. '찬스'는 다른 모둠으로 들불처럼 바로 번져 나간다. 여기저기서 '찬스', '찬스' 소리가 들려온다. '흐흠, 나중에 찬스를 다른 말로 바꾸자 해 봐야지.' 참 시시하게도 그런 시답잖은 생각이나 하는 사이 수학시간이 흘러간다.

《말하기 듣기》시간이다. 오늘은 '다섯 고개'를 하기로 한 날이다.

"내 마음속에 '무엇'이 있습니다. '무엇'이 있을까요?"

"시계."

"아니, 그렇게 바로 대답하면 한 번에 틀려 버리잖아. 시계라고 생각한다면 '내 맘속에 있는 무엇'이 정말로 시계인지 알아볼 수 있게 좀 더 물어 보는 거야. 다섯 번에 맞히면 되니까. 다섯 번 동안 정답을 알아낼 수 있게 이런저런 질문을 하는 거지."

다섯 고개는 아이들에게 좀 어렵다. 점점 범위를 좁혀 가면서 묻는 것도 어린 아이들에게는 어렵고, 앞에 다른 사람이 묻고 대답하는 것을 모두 모두 기억하면서 정답을 찾아내야 하는 것도 어렵다. 대여섯 번 말로 설명하기보다 스스로 익힐 때까지 함께 다섯 고개를 넘어야겠다.

다섯 번이나 연습을 해 보고, 이제 모둠끼리 다섯 고개를 한다. 이 모둠 저 모둠 돌아보아도 재미가 없어 보인다. 다섯 고개를 다 넘어도 정답 근처에도 못 간다. 어떤 때는 '재수 좋게' 한 번에 딱 찍어서 맞혀 버린다. 그것 또한 재미가 없다. 이러니 점점 지루해진다. 그냥 책장이나 넘기는 아이, 필통 뚜껑에 달린 게임이나 하는 아이, 다른 모둠을 멀거니 건너다보는 아이들, 딴전을 피우는 아이들이 하나둘 생긴다.

나눔이 모둠 쪽으로 오는데 주난이가 그런다.

"야, 우리 '내 마음속에 동물이 있습니다.'로 바꾸자."

심심해하고 지루해하던 아이들이 주난이를 본다.

"내가 할게. 내 마음속에 동물이 있습니다. 무슨 동물일까요?"

"큽니까, 작습니까?"

"내보다 작습니다."

주난이가 오른손을 들고 손가락 하나를 꼬부려 접는다.

"집에 있습니까, 학교에 있습니까?"

"집에도 있고, 학교에도 있습니다."

오른손 손가락 하나를 더 꼬부려 접는다.

"냄새가 납니까?"

"야아! 동물은 다 냄새난다. 그런 거는 한 고개 까먹는 거다."

"안 날 수도 있지."

"그래도 냄새 다 난다."

갑자기 티격태격 싸운다. 먼저 문제를 냈던 주난이가 나선다.

"그거는 한 고개 안 칠게. 다시 해 봐라."

"흰색입니까?"

"흰색도 있고, 검은색도 있습니다."

주난이 손가락 세 개가 접혔다.

"정답, 정답."

이제야 아이들 분위기가 살아난다. 지겨워하던 다른 모둠 동무들도 하나둘 나눔이 모둠을 본다. 귀를 쫑긋거리고 눈을 반짝이면서 바라본다.

"민영이!"

주난이가 쓰윽 웃으면서 민영이를 가리킨다. 민영이가 자신 있게 말한다.

"사남이."

"딩동댕!"

"맞다, 맞다."

아이들도 손뼉을 친다. 이제 겨우 한 번 해냈다. 다른 모둠 아이들도 눈을 반짝인다. '우리도 할래?' 하는 듯.

이번에는 민영이가 시작한다.

"내 마음속에 식물이 있습니다."

"운동장에 있습니까?"

아이들 눈이 더 반짝거린다. 나눔이 모둠에는 딴 데를 멀거니 보는 아이가 없어졌다. 나눔이 모둠은 이제 불이 붙은 것 같다. 다른 모둠 아이들이 자리로 돌아가 앉는다. 바로 옆에 아낌이 모둠에서 누가 외친다.

"그래 그러면 나는 '내 마음속에 학용품이 있습니다.'를 할게."

오늘은 내가 아이들에게 좋은 걸 배웠다. 처음부터 이렇게 범위를 좁혀 줄걸. 너무나 막연하게 "내 마음속에 무엇이 있습니다."라니. 이러니 아이들이 다섯 고개 만에 맞히질 못하지. 지루하게, 심심하게 놀던 아이들이 스스로 저희들한테 딱 맞는 범위를 찾아낸 것이다. 선생한테서 배우는 것보다 아이들 스스로 찾아내는 것이 더욱 빛난다는 걸 오늘 다시 알았다.

신나서 하는 말 한마디 들려온다.

"이래 하니까 잘 맞힌다, 그자?"

온몸으로 배우는 아이들

첫째 시간, 《슬기로운 생활》. 이번 시간에는 '운동장에 나가 재어 보기 놀이'를 한다. 어제까지 나뭇잎이며, 신발도 재어 보고 교실에서 여러 가지 재어 보기 놀이를 했다. 이제 운동장에서 재어 보기 놀이를 하고, 내일은 이 단원을 정리할 셈이다.

오늘따라 바람이 많이 분다. 해 뜨는 동산을 등지고 앉은 학교 건물이 운동장에 길게 그림자를 드리우고 있다. 그러잖아도 햇살이 엷은 아침나절인데, 걷힐 줄 모르는 그늘에 바람까지 세어서 운동장 바닥이 꽁꽁 언 듯하다. 그렇거나 말거나 아이들은 필통이다 줄넘기 줄이다 뭐다 껴안고 그 높은 층층대를 내리뛴다.

"아까 교실에서 모두 들었지요? 지금부터 여러 가지 물건으로 재어 보고 여기 활동지에 적어 보세요. 교실에 가서 옆에 모둠이 잰 거랑 견주어 봅시다."

나도 카메라 다리를 세우고, 들고 나온 캠코더를 켠다.

"뭐예요?"

"우리 찍을 거예요?"

"우리도 보여 줄 거예요?"

캠코더를 보더니 그만 아이들이 활동을 멈춰 버렸다. 이거 이러다 공부 망치는 꼴이 되겠다. 하는 수 없이 거짓말을 한다.

"어어, 너거들 찍을라고 들고 왔는데 뭐가 잘 안 되네. 고쳐야겠어. 다 고쳐지면 말할게. 너거들은 거리 재는 거 계속해. 끝까지 재어 봐야지."

고쳐야 한다는 말에 풀 죽어 돌아가는 아이들한테 좀 미안하기는 하지만, 제대로 찍으려면 이 방법밖엔 없겠다.

기창이가 뒤를 힐끗 보더니 곧바로 허리를 굽혀 잰다. 끝없이 뭘 만지작거리고 풀어서 뜯어보고 또 고치고 하는 기창이. 이렇게 몸을 움직여 하는 일에는 늘 시원시원하게 움직인다. 둘둘 감은 줄넘기 줄을 길게 풀면서 교문을 보고 미끄럼틀을 돌아보고 하더니 교문에다 줄넘기 줄을 갖다 댄다.

'교문에서 미끄럼틀까지 먼저 잴 모양이지?'

한쪽 끝을 놓고 미끄럼틀 쪽으로 걸어간다. 줄이 반듯하게 펴지자 그 자리에 두고 교문으로 온다. 먼저 놓아두었던 한쪽 끝을 잡고 간다.

'저거 모둠 아이들은 다 어데로 가고 혼자 저래 하노?'

나눔이 모둠 아이들을 눈으로 찾는데 기창이가 먼저 "정운이!" 한다. 남주랑 정운이가 달려온다.

"정운이, 니이 이거 잡아라. 내가 온나 하면 오면 된다."

정운이한테 한쪽 끝을 맡기더니 저도 한쪽 끝을 잡고 줄이 팽팽해질 때까지 간다. 그 자리에 앉아서 바닥에 표시를 한다.

"됐다. 인자 이까지 온나."

그러고 저는 또 줄이 팽팽해질 때까지 간다. 다시 쪼그리고 앉더니 바닥에 표시를 한다. 기창이 얼굴이 '이래 하이 좋네.' 하는 듯하다. 두어 번 더 그러더니 "남주야!" 하고 부른다.

"니이 이거 갖고 내가 대라 하면 대라이."

필통을 쥐어 주면서 발로 가리키는 자리에 필통을 갖다 대라고 시킨다. 줄이 팽팽해지자 기창이는 잡은 줄 끝을 땅바닥에 대더니 발끝으로 바닥을 찍어 준다. 남주는 발로 찍은 자리에 필통을 갖다 대고, 정운이는 달려와서 남주가 대고 있는 필통께에 줄넘기 줄을 갖다 놓는다. 이런 일에 잘 끼어들지 못하는 남주는 제 할 일이 생겨서 아주 신이 났다. 앉았다 일어났다 귀찮기도 하련만 팔딱팔딱 몸을 잽싸게 움직인다. 가끔 기창이 발끝은 안 보고 아무 데나 놓아서 "야아, 잘 보고 대라." 하고 퉁박을 듣기도 하지만. 셋이 손 맞춰 하는 걸 보니 아까보다 수월해 보인다.

'이 셋은 됐고! 어디 또 보자.'

저쪽에 민지랑 진희가 줄넘기 줄로 재고 있다. 민지가 한쪽을 잡고 앉으니 진희가 미끄럼틀 쪽으로 간다. 민지가 진희가 섰던 자리까지 다가가자 진희가 또 앞으로 간다.

'어어 그런데 저래 하면 우야지?'

민지가 진희 섰던 자리까지 다 가지도 않았는데 진희는 또 앞으로 가는 것이다. 반쯤밖에 나가지 않는 셈이다. 둘은 미처 알지 못하고 열심히 재미나게 간다.

바로 옆에 상욱이가 혼자서 재고 있다. 줄넘기 줄을 바닥에 길게 펴 놓고 눈짐작으로 대충 보더니 줄을 줄줄 당겨서 간다. 제가 봐 둔 자리까지 줄 끝이 왔다 싶은지 또 줄을 쭈욱 펴고 "열두울" 하더니 줄을 끌고 간다. 이번엔 눈짐작했던 곳보다 더 많이 가서 줄이 줄줄

딸려 가는 데도 자꾸 간다. 그러더니 "열세엣" 하고 센다.

아이들마다 줄넘기 줄로 재는 모양이 이래 다르다. 거리 재는 방법에 대해서 교실에서 함께 알아보고 설명도 하느라 했건만 아이들은 제 생각대로, 제 편한 방법대로 하고 있다.

줄넘기 줄로는 다 재었는지 발로 재는 아이들이 더 많이 보인다. 기창이네 나눔이 모둠도 이젠 발로 재고 있다. 기창이는 역시나 시원시원하게 앞으로 나가고 있다. 왼발을 놓고 오른발을 끌어다 왼발 끝에 대고, 또 오른발을 갖다 대고. 조금 비틀거리기는 하지만 균형을 잃지 않고 앞으로 잘 나간다.

조금 뒤에 정운이가 따라가고 있다. 비틀비틀하는 모습이 처음 외줄을 타는 아이처럼 불안해 보인다. 몸 움직여 노는 것보다 책상 앞에 앉아서 놀기를 더 좋아하는 정운이는 아무래도 몸놀림이 재빠르지 못하다.

'어어, 그런데 쟈가 쟈가 어데로 가노?'

교문에서 미끄럼틀까지 재는 모양인데 아주 엉뚱한 데로 가고 있다. 그저 바닥만 보고 비틀비틀 기우뚱하면서 열심히 발자국을 세면서 걷는다. 한참 가는가 싶더니 고개를 들고 잠깐 멈춘다. 이제 알았나 보다. 미끄럼틀로 몸을 돌리더니 다시 걷기 시작한다. 걸어간 길을 보니 아주 기역자로 가고 있다.

'흐흠, 저러면 발로 잰 수가 엄청 많이 나올 낀데. 나중에 어짜는가 함 보자.'

정운이 재는 걸 그대로 두고 캠코더를 돌려 찍는데 상욱이 모습이 들어온다. 상욱이 하는 건 또 다르다. 한 발을 성큼 내딛더니 뒷발을 앞발 끝으로 끌어다 대고 "스물둘" 한다. 뒷발을 빼서 성큼 놓더

니 다른 발을 끌어다 발꿈치에 끌어당기더니 "스물셋" 한다. 성질 급한 상욱이 모습이 여기서도 나온다.

'저러면 저게 발로 재는 것이 아니라 발걸음으로 재는 꼴인데. 그래도 발끝에 뒤꿈치를 갖다 대면서 잰다는 말을 까먹진 않았네.'

상욱이를 두고 이제 또 캠코더를 돌린다. 주난이, 주은이, 민영이, 셋이서 손을 잡은 모습이 들어온다. 소리 맞춰서 세는데 아주 신났다.

'그런데 저 아이들은 우야노?'

백육, 백칠, 백팔, 백구 하더니 "이백" 하고 넘어가 버렸다. 아이고, 저러면 나중에 몇 천도 될 텐데. 소리가 잘 녹음되나 보고 이 아이들을 더 찍는다. 아니나 다를까 이백팔, 이백구, 삼백 하면서도 저희들은 잘 모르고 있다.

줄넘기 줄로 재는 건 다 끝난 줄 알았는데 아직도 줄넘기 줄로 재는 아이들이 있다. 세윤이는 줄넘기 줄을 좌악 펴 놓더니 앞으로 가서 발로 진하게 표시를 한다. 돌아와서 줄을 걷어 가서 표시한 곳에 끝을 맞춰 줄을 펴 놓고 표시한다. 또 와서 줄을 가져다 놓고, 발로 표시하고. 여태 혼자서 저러고 있었으니 시간이 걸려도 많이 걸리겠다. 고개를 돌려 다른 아이들 하는 걸 좀 보고 섰더니 다시 제 할 일을 한다. 저 혼자 늦든 말든 동무들이 나가 놀든 말든 언제나 제 할 일을 끝까지 하는 세윤이 모습이 여기서도 보인다.

미진이도 줄넘기 줄을 재고 있더니 주난이랑 민영이가 손잡고 소리 맞춰 발자국 세는 걸 보고는 줄넘기 줄이고 필통이고 그 자리에 팽개치고 쪼르르 달려가 옆에 선다. 지금까지 혼자 재어 본다고 끙끙대며 버틴 것도 장하다.

이번엔 민석이가 캠코더에 들어온다. 어디 보자, 웬만해서는 다른 동무들한테 맡기지 못하는 민석이. 역시 이번에도 따로 떨어져서 혼자 재고 있다. 다른 건 다 했는지 필통으로 재기를 하는 모양이다. 운동장에 쪼그리고 앉아 필통을 땅바닥에 대더니 필통 끝에다 연필로 싹 하고 줄을 긋는다. 필통을 떼어서 그어 놓은 줄에 갖다 대고 다시 연필로 줄을 싹 긋고는 또 필통을 옮겨 놓는다. 저 먼 길을 혼자 쪼그리고 하면 다리도 아프련만 지치지도 않고 재고 또 잰다. 연필로 그은 줄에 꼬옥 맞추어서 갖다 대는 것 하며, 처음 쪼그린 그 자세로 끈질기게 하는 모습에서 평소 성격이 그대로 드러난다.

'아이고, 정운아. 니를 우째야겠노?'

캠코더를 돌리는데 정운이가 다시 잡힌다. 좀 전에 길을 잘못 잡아 기역자 모양으로 재고 있더니 이번에 또 옆으로 빠졌던 모양이다. 아주 갈짓자 모양으로 가고 있다.

아이들 나름대로 재는 걸 보다가, 캠코더로 찍다가, 시간 가는 줄 몰랐더니 어느새 다른 반 아이들이 쏟아져 나온다. 이제 우리들만의 조용한 시간은 끝이 났다. 저렇게 쏟아져 나오면 제대로 잴 수도, 찍을 수도 없다. 아이들을 불러 모아 교실로 들어가려는데, 미처 다하지 못한 아이들이 아우성을 치면서 뒤에 남는다. 자기들은 남아서 다 재고 들어오겠단다.

둘째 시간에는 재어본 것을 모둠별로 발표하고 어떻게 다른지 같은지 맞춰 보자고 했지만, 아이들은 교실에 들어오자마자 시끌벅적하다. 둘째 시간까지 기다리지 못하고 기록지를 꺼내 들고 다른 모둠이랑 맞춰 본다. 언제나 조용히 물러나서 혼자 앉던 정운이도 이번에는 끼어들었다. 기창이랑 남주랑 줄넘기 줄로 재었던 걸 보더니 상욱이한테 묻는다.

"근데 상욱이, 니는 왜 우리보다 숫자가 이래 작은데?"

상욱이가 보고 제 생각에도 이상한지, "내 줄넘기 줄이 더 긴가?" 하고 줄넘기 줄 두 개를 갖다 대 본다. 그러나 줄은 길이가 똑같다.

"나도 분명히 똑바로 쟀는데."

상욱이가 고개를 갸우뚱거리면서 다른 모둠을 찾아 나선다. 저랑 비슷하게 나온 모둠이 있나 보려는 게지. 여기저기 돌아다니던 상욱이가 돌아와서 이번에는 다른 칸을 본다.

"정운이, 이거 쫌 이상하다. 나도 분명히 교문에서 미끄럼틀까지 쟀는데, 니 발로 잰 거하고 내 발로 잰 거하고 너무 다르다. 나는 백팔십칠인데, 니는 오백십구다."

다른 모둠을 기웃거리던 정운이가 달려온다. 나도 정운이가 뭐라고 할지 궁금하다. 아까 정운이가 갈짓자로 걸으면서 재는 것 다 봤으니까. 정운이가 기록지 두 장을 번갈아 보더니 아무 말도 않고 가만히 있는다. 잠깐 생각하는가 싶더니 "내 발이 너무 작나?" 한다.

그 진지한 얼굴에 나도 모르게 웃음이 터져 나올 뻔 했다. 정운이보다 키가 작은 상욱이가 "발 한번 맞춰 보자." 하더니 신발을 벗어 들고 대어 본다. 정운이 신발이 손톱 하나만큼 더 크다. 정운이는 또 고개를 갸웃거린다. 나중에 캠코더로 찍은 걸 보여 주면 뭐라고 할까? 생각만 해도 재미있어 죽겠다.

쉬는 시간도 끝이 나고 둘째 시간이 시작된 지 한참이 지나서야 밖에 남았던 아이들이 다 들어왔다.

"야아, 다 쟀나? 우리하고 맞춰 볼래?"

"우리는 벌써 다 맞춰 봤는데."

조금 잠잠해지던 교실이 다시 시끄러워진다. 민영이, 주은이도 앉자마자 다른 모둠이랑 맞춰 보느라 내 쪽은 보지도 않는다.

"어어, 너거는 왜 발로 잰 거 이렇게밖에 안 되는데? 우리는 천사백팔인데."

엄청나게 많은 숫자에 다른 아이들도 모두 놀란다.

"자아, 모두 앉았으면 기록지 한번 봅시다."

내가 말하지 않아도 아이들은 이미 저희들끼리 다 맞춰 본 뒤다. 줄넘기 줄로 잰 것부터 발표하는데 기창이네 68, 상욱이 27, 진희 96이다. 세 모둠 줄넘기 줄을 모두 대 보니 줄 길이는 모두 같다. 아이들이 고개를 갸웃거린다.

아무 말 않고 이번에는 발로 잰 걸 발표한다. 그중 가장 바르게 잰 기창이 236 , 정운이 519, 상욱이 187, 민영이 1408. 아이들이 또 시끌시끌해진다. 차이가 나도 너무 많이 난다. 세 사람 신발을 재어 본다. 정운이랑 민영이 신발이 비슷하고 상욱이 신발이 가장 작다. 눈치 빠른 아이들이 "야아, 너거들 엉터리로 잰 거다. 똑바로 재면 그렇게 많이 차이 안 난다." 한다. 이때다. 이때 캠코더로 찍은 걸 보여 주는 거다. 나는 슬며시 웃으면서 텔레비전을 켠다.

"자아, 여기를 보세요."

아이들이 갑자기 뭔 일이냐는 듯 텔레비전을 올려다본다.

"어어, 기창이다. 남주하고 정운이도 있다."

"내가 몰래 찍었지롱."

"와아, 거짓말쟁이. 고장났다 해 놓고."

"이게 바로 '몰래 카메라' 라는 거지롱."

아이들을 진정시키고 다시 텔레비전을 본다.

"자아, 지금부터 보면서 누가 어떻게 재는지, 재는 방법을 잘 살펴보세요."

기창이랑 정운이, 남주 셋이서 줄넘기 줄로 재는 걸 보다가 진희랑 민지가 재는 걸 보고 웃는다. 진희 얼굴이 빨개졌다. 상욱이가 재는 모습이 나오니 아이들이 와그르르 웃는다. 저희들 눈에도 뭔가 잘못하는 게 보이겠지.

드디어 정운이 차례. 정운이가 미끄럼틀을 보고 가다가 왼쪽 정글짐 쪽으로 간다. 다시 고개 들어 살펴보더니 기역자로 틀어 미끄럼틀로 가는 모습이 다 잡혔다. 주난이, 민영이, 주은이가 세는 모습이 나온다. 이번에는 소리를 조금 크게 올렸다.

"백육, 백칠, 백팔, 백구, 이백."

아이들 서넛이 웃는다. 다른 아이들은 눈치도 못 채고. 민석이 필통으로 재는 모습이 나오다가 다시 정운이가 조례대 가까이 가서 미끄럼틀 쪽으로 걸음을 돌리는 게 나온다.

"정운이! 그러니까 내보다 훨씬 많지."

상욱이가 소리친다. 정운이가 조용히 웃는다. 그렇지만 얼굴은 밝다. 인제야 궁금증 하나가 풀렸다는 듯한 얼굴이다. 화면이 끝나자 여기저기서 소리친다.

"다시 하면 안 돼요?"

"한 번 더 해요."

여러 아이들이 재는 걸 보니 저거들 말로 '필'이 확 오는 모양이다. 다시 나가자고 엉덩이를 들썩거린다. 이때를 놓치면 안 되겠지? 못 이긴 척 허락을 하는데 아이들은 쏜살같이 달려 나간다. 다친다고, 층층대 조심하라고 말할 틈도 없다. 기록지를 다시 인쇄해서 나가니 아이들은 이미 탄력을 받았다. 온전히 빠져들어 재고 있는 모습이 참 보기 좋다.

우리 이웃이에요

이제 한 달 남았다. 세월 참, 빨라도 너무 빠르다. 이 녀석들 만난 지 정말 얼마 되지 않은 것 같은데, 벌써 한 해를 마무리하느라 이래 저래 마음만 바쁘다. 이때쯤이면 한 해 살림 돌아봐야 하고, 아이들 도 하나하나 살펴봐 줄 게 많다. 아이들은 아이들대로 스스로 한 해를 돌아볼 시간이 필요하겠다.

12월 삶을 가꾸는 글쓰기 주제는 '우리 둘레 사람들'이다. 《국어》, 《바른 생활》, 《슬기로운 생활》, 《즐거운 생활》. 모두 나를 둘러싼 사람들이 빠지지 않고 다 나온다. 한 해를 돌아보면서 우리 둘레 사람들을 빼놓을 수가 없겠다 싶어 한 달 공부 주제로 삼았다.

첫 주 활동. 먼저 우리 식구들을 좀 더 관심 있게 살펴보는 것부터 시작이다. 우리 식구들은 집에서 어떻게 지내는지, 즐거울 때는 언제인지, 어떤 일로 힘들어하는지, 아픈 사람은 없는지, 칭찬해 주고 싶은 사람은 없는지, 어머니 아버지가 하시는 일은 어떤지, 내가 어떻게 도와줄 일은 없는지.

그리고 다음은, 도서실에 가서 식구와 이웃 이야기를 따뜻하게 쓴 책을 찾아서 함께 읽고 생각 나누기도 한다. 아침에 소개해 준 책을 찾아 도서실을 훑고 다니는 모습도 처음보다 훨씬 익숙해졌다.

이번에는 5월에 했던 '우리 식구'와 겹치지 않게 하려고 한 가지 더 주문한다. 힘들고 아픈 일을 꿋꿋하게 이겨 내는 장한 모습을 찾아보자고. 아이들 글모음과 학급 문집에서 또래 아이들이 쓴 글을 찾아 읽어 줄 때도 꿋꿋하게 살아가는 식구들 이야기, 아픔을 감추지 않고 당당하게 드러낸 글, 식구들을 따뜻한 눈으로 보고 쓴 글을 찾는다.

아이들은 작은 수첩에 메모를 해 오기도 하고, 알림장 끝에다가 적어 와서 미리 보여 주기도 한다. 늘 함께 지내는 식구들인데도 주제를 잡아 살펴보기로 하니 새삼스럽기도 하겠지. 너도나도 들고 와서 하는 이야기들이 비슷한 듯하면서도 저마다 다르게 살아가는 모습들이 또 있다.

사흘이 지나고부터 아침 말하기 시간에 두어 사람씩 나와 살펴본 것을 이야기한다. 5월 달에 '우리 식구' 공부를 한 덕인지, 틈틈이 저희들이 쓴 일기를 두고 이야기를 나눈 덕인지, 식구들을 보는 눈길이 제법 깊다.

우리 아빠는 배관설비를 하시는데 늦게 오시고 일찍 출근합니다. 그리고 나의 소원은 아플 때나 가고 싶을 때 다 들어주십니다. 엄마한테는 안 된다고 하셔도 나의 소원은 모든지 들어주십니다. 날씨가 추워서 일하는 것이 힘들겠습니다. 그래도 내 소원을 들어준다고 합니다. 나는 산타가 되면 아빠 소원을 들어주겠습니다. (정민)

어머니는 아기 낳았을 때부터 많이 아팠습니다. 또 엄마는 병원에 자주 갑니다. 나는 우리 엄마가 안 아팠으면 좋겠습니다. 엄마가 나를 나두고 죽어버리면 내 동생과 아빠박에 없어요. 그리고 소중한 친구들을 볼 수 없어요. 나는 다친 적이 많아요. 그래서 멍들었어요. 엄마는 약 먹고 튼튼해져야 되요. 엄마는 워낙 바쁘셔요. 왜냐면 아기도 봐야 되잖아요. 나는 엄마한테 한 번 만에 아기 낳는 약을 선물하고 싶어요. (기원)

기원이가 어머니 아픈 이야기를 꺼내자 여기저기서 아이들이 아버지 아픈 이야기, 제 동무 아픈 이야기를 쏟아 낸다. 아이들 이야기를 듣다 보니 모르고 있던 고달픈 사정들이 참 많다. 그런저런 속사정을 말하지 않고 입 꾹 다물고 있던 아이들도 이런 자리가 펼쳐지면 그래도 서슴없이 이야기해 주는 것이 참 고맙다. 어머니를, 아버지를 그저 별 생각 없이 보고 사는 것 같아도 어른들이 흘리는 말을 흘려듣지 않고 나름대로 다 받아들이며 마음 아파하는 것이 대견스럽다.

일주일 동안 식구들 이야기를 하고, 들으면서 마음 한쪽에 조금씩 우리 식구들이 자리 잡았기를 바라며 이번에는 글을 쓴다. 처음에 말한 정민이와 기원이가, 산타가 된다면 선물을 주고 싶다고 한 덕인지 아이들 모두 '산타가 되면……' 하고 썼다.

어머니는 동생을 낳을 때 안 나와서 수술을 두 번 했습니다. 왜냐면 나를 낳을 때도 거꾸로 있어서 수술을 했습니다. 그런데도 엄마는 잘 참고 수술했습니다. 그리고 어머니가 훌륭합니다. 왜냐면 아기가 건강할 수 있게 병원 교회에서 기도도 했습니다. 그래서 어머니는 훌륭합니다. 밥을 먹을 때도 동생을 위해서 기도를 하고 밥을 먹습니다. 그리고 어머니가 아프면서도 잘 참고 안 힘들다고 말했습니다. 내가 산타가 된다면 어머니에게 우유병을 사 주고 싶고 어머니 옷도 줄 것입니다. (주은)

우리 아버지는 회사에서 일하다가 다쳤습니다. 얼든 아저씨가 크레인으로 하수구를 막는 것을 줄 한 개로 묶었는데 떨어져서요. 월래는 아저씨가 줄 두 개로 묶어야 하는데 그랬습니다. 그런대 우리 아버지는 춘해 병원이라는 병원에 있다. 그리고 아빠는 수술을 많이많이 하고 또 지금은 엄마가 맨날 아빠 병원에 가는데 아빠가 화장실에도 혼자 못 간다. 그리고 엄마가 매일 가야 하는데 아빠가 오지 마라 해도 엄마는 간다. 나는 아빠가 어서 낫는 약이 있으면 주고 싶다. 수술도 자꾸 안 하고 낫으면 좋겠다. 엄마도 맨날 병원에 갔다가 형아 밥 채리 주고 내 숙제 도와주고 또 병원 가고 진짜로 힘들다. 그래도 우리 엄마는 잘 참아서 훌륭하다. 나는 엄마한테 이 세상에서 제일 좋은 선물을 주겠다. 엄마는 제일 좋은 선물이 뭘까 모르겠다. (민하)

민주 언니는 어제 아래 수능 쳤습니다. 날마다 밤에 집에 옵니다. 또 새벽밥 먹고 나갑니다. 짜증이 낼 때도 있습니다. 그래도 엄마는 참고 밥을 줍니다. 공부하로 갈 때 재수 업다고 참습니다. 나는 민주 언니가 새벽에 안 나가게 해 주고 싶습니다. 또 엄마도 속이 안 상하게 해 주고 싶습니다. 엄마는 민주 언니 땜에 잘 참아서 상을 주고 싶습니다. 민주 언니가 화 안 내는 약을 주겠습니다.

그라면 언니하고 엄마하고 사랑하게 됩니다. 그런 약을 사고
싶습니다. (영주)

우리 엄마는 몸이 안 조으셔서 병원에도 다니고 입원도 해 봤는데
아침 일찍 일어나 밥도 해 주시고 머리고 묶어 주시고 정말
고맙습니다. 우리 엄마가 없으면 전 정말 아무껏도 못합니다. 우리
엄마가 병원에 입원했을 때 정말 심심했습니다. 또 시계는 알아도
학원에 언제 가야 하는지도 모르는데. 또 엄마가 없으면 계속 나
혼자 있어야 합니다. 오빠야는 학원 가고 아빠는 회사를 가서 밥도
몬 먹습니다. 엄마는 내 혼자 있는 것이 마음에 걸린다고 태원을
자꾸 빨리 합니다. 나는 우리 엄마 신장을 선물로 주겠습니다.
병원에 신물나는 우리 엄마한테 신장을 선물로 주면 됩니다. 병원에
안 가면 엄마도 안 아프고 나도 참 좋습니다. (재영)

아버지는 허리를 다치고 얼굴에 흉터가 생겨서요. 날마다 병원에만
있어서 갑갑하고 심심할 텐데요. 잘 참고 잘 치료 받아서 칭찬하고요.
내가 병원에 가면 막둥이 왔다고 주스도 주고 초콜렛도 주어요.
아버지 심심할 때 먹으면 좋은데 내한테 다 주고요. 나는 아버지가
빨리 낫도록 좋은 약을 선물하고 싶어요. 수술 안 하는 약요.
아버지가 빨리 나아서 정빛나처럼 을숙도에 자전거 타러 가요. (민수)

우리 엄마는 참 훌륭해요. 우리가 못 이러나니까 엄마가 우리를
깨우셔요. 우리 엄마는 혼자서 우리 언니, 나, 동생을 깨우셔요.
우리가 학교 가면 일을 또 하셔요. 빨래, 청소, 설거지를 하셔요.

엄마는 일도 엄마는 밤에 나가셔요. 우리가 학교에서 오면 엄마가 우리 동생을 목욕시켜요. 엄마는 매일 한숨을 쉬어요. 엄마는 밤에 일을 나가기 전에 먹을 것을 해서 나두고 일을 나가요. 우리가 배가 고플까봐요. 엄마는 새벽 한 시나 두 시에 집에 오셔요. 나는 엄마랑 똑같은 로봇을 주어서 그 로봇은 엄마가 하는 일도 똑같이 해요. 그러면 엄마가 하는 일을 나누어서 하니까 엄마가 편하게 될 거에요. 나는 엄마를 편하게 해 드리고 싶어요. (주희)

식구 이야기를 하다 보니 절로 이웃으로 눈이 간다. 동무들 사는 이야기가 바로 우리 이웃이 사는 모습이다. 이제는 한 주 동안 '우리 둘레 사람들'을 눈여겨보기로 한다. 우리 집만 마음 아프고 힘든 일을 겪는 것이 아니라 다른 사람들도 나름대로 힘들고 어려운 일이 있구나, 저렇게 서로 보듬고 아끼며 살아가는구나, 하는 것을 느끼고 깨달을 수 있기를 바라면서.

글쓰기회 동무들 학급 문집에서 이웃 모습이 그려진 글을 찾아 읽어 준다. 또래 아이들 글과 우리 둘레 사람들 이야기는 우리 아이들이 늘 곁에서 함께 숨 쉬고 살아가는 이웃에게 눈을 돌릴 수 있도록 돕는다.

처음에는 두서넛씩 모여 동네를 누비고 다녀서 걱정이 되었는데, 아이들은 금방 제자리를 찾았다. 그렇게 쏘다니면서 특별한 사람을 찾아 조사할 것이 아니란 걸 깨달았을까.

이제 겨우 1학년티를 벗는 이 아이들이, 동무들과 이야기 나누고 식구와 이웃을 살펴보면서 스스로 사람을 사랑하는 마음을 가지게 된다면 그게 얼마나 되랴. 내가 너무 큰 욕심을 부리는 건 아닐까 싶기도 했는데, 아이들은 정말 몰라보게 훌쩍 커 있다. 식구들을 보는 마음뿐 아니라 우리 이웃들을 살피고 보는 눈길이 이렇게 따뜻하고 대견할 수가 없다.

처음에 주제를 잡을 때는 아이들한테 말은 하지 않아도 나름 노리는 것이 있었다.

'그래, 올 한 해 나를 이렇게 자라게 해 준 사람들은 우리 식구뿐 아니라 우리 둘레 이웃들도 있구나. 힘들고 어렵지만 꿋꿋하게 살아가는 저 이웃들 속에서 우리도 자라는 거야.'

이렇게 거창하게까지는 아니더라도 조금이나마 이웃의 소중함을 스스로 느끼겠지 했다. 그런데 내 속셈보다 훨씬 아름답게 자란 이 아이들이 오히려 나를 자라게 한다. 가슴 뭉클하게 자란 아이들을 보면서 벅차게 한 해 마무리를 한다.

우리 사천상회 가게 아저씨는 팔 한 개가 없어요. 한 팔로 박스를 들고 가요. 또 한 팔로 자전거 운전해요. 배달도 잘해요. 또 아이들이 가면 '학교 갔다왔나?' 하면서 웃어요. 사탕도 줄 때도 있었요. 아저씨는 팔 한 개밖게 업서서 짜증날 건데 맨날맨날 웃습니다. 나는 산타가 되면 가게 아저씨한테 팔 한 개를 선물하고 싶어요.
(진주)

이층 할머니는 박스를 모았어. 그거를 가지고 팔면 돈을 주거든. 이층 할머니는 돈을 다 모아스면 진영이 옷 사 주거든. 학원에 보내 주어. 날마다 저 먼 데도 가서 박스를 주워 오셔요. 힘이 들어도 해. 비 올 때는 박스가 물에 젖어서 더퍼 주더라. 나는 비 맞아도

괜찮다 했어. 비 맞으면 감기 들 건데 박스만 덮어 조서. 나는 올해 가장 훌륭한 사람은 이층 할머니라고 생각해요. 나는 산타가 될 수 있다면 이층 할머니 집에 진영이 아빠가 돌아오게 하겠어요. 진영이 아빠가 와서 돈을 벌이면 할머니는 박스 모으로 안 가도 되요. 할머니가 비 올 때는 쉬면 좋겠어요. (은지)

외할머니는 시골에서 추운 대서 일을 하십니다. 그리고 할머니는 쉬지 안고 열심히 일을 하십니다. 할아버지는 소한테 밥을 주시고 할머니는 고추를 따고 파도 캐십니다. 할머니는 집에 들어와서 옷 가라입고 나와서 또 일을 하십니다. 할아버지는 어디 멀리 가서 밤에 집에 들어옵니다. 그래서 내가 만약에 산타라면 할머니를 쉬게 할 것입니다. (지현)

농심수퍼 할머니는 허리도 쑤신데도 가게를 지키십니다. 손님이 뭘 달라면 뭘 줍니다. 할머니는 허리도 아픈데 지킵니다. 그래서 요즘은 잘 안 나옵니다. 할머니는 가게가 보물이라고 하였습니다. 할머니는 가게에서 일하면서 돈을 법니다. 하지만 할머니는 몸이 쑤셔서 일을 잘 못 합니다. 그래도 아픈데도 일어나서 일을 잘 합니다. 할머니 친구분이 오면 할머니는 밀크커피를 주십니다. 저는 할머니가 몸이 쑤신데도 일을 하는 게 참 훌륭합니다. 저는 만약에 산타가 되면 몸이 하나도 안 쑤시는 약을 선물로 드릴 겁니다. (지연)

우리 형님아가
내한테 잘해 줄 때도 많다

아직 어려도 한참 어린 우리 재민이는
정서 장애가 있는 형을, 그래서 조금 남다른 형을
제 나름대로 받아들이면서 자라고 있다.
어쩌면 형을 끌어안고 언제까지나
제 속을 끓이면서 살아가야 할지 모른다.
말만 선생이지 오늘도 나는 1학년 동무,
우리 재민이한테 고개 숙여 배운다.

아이들이 집으로 돌아간 뒤

점심을 먹고 마지막으로 나가는 보빈이더러, "가다가 길에서 구경하지 말고 어서 가래이. 엄마가 아까부터 기다린다고 했다." 일러주고는 청소기를 꺼내 든다. 아이들 손이 미처 닿지 못한 구석구석으로 청소기를 밀고 다니면서 여기저기 떨어져 굴러다니는 지우개와 연필, 크레파스를 주워 책상 서랍에 넣어 준다. 시작한 김에 도깨비가 서넛은 숨어 살 것 같이 복잡하고 어지러운 사물함을 치워 주기도 한다. 아이들이 모두 가고 난 빈 교실에서 혼자 청소를 하다 보면 집에 가고 없는 아이들이 하나둘 새록새록 다가온다. 2학기부터 어머니들이 점심시간을 돕지 않고, 청소도 우리 손으로 하게 되면서 얻은 귀한 시간이다.

가은이는 책상을 정리하는 것도 입 댈 데가 없다. 사인펜과 색연필이 가지런하게 꼭 필요한 것만 들어 있다. 똑같은 1학년이지만 늘 어른스럽고 손이 빠른 가은이 모습이 책상 속에서도 보인다.

대경이는 크레파스 통이 다 비었다. 날마다 몇 개씩 흘려서 발에 밟히고, 걸상에 깔려 뭉개져서 으스러져 버리니. 교실 뒤편에 만들어 놓은 또또상자에는 대경이 이름이 적힌 연필이며 풀이며 크레파스, 색연필이 늘 예닐곱 개씩 들어 있다. 볼 때마다 대경이 것을 골라서 필통에 넣어 주고, 크레파스 통에 가지런히 담아 주곤 했더니 이젠 다른 아이들도 또또상자에서 제 연필을 찾다가 대경이 것이 보이면 얼른 가져다준다. 그런데도 대경이 필통과 학용품 통은 늘 헐 빈하다.

동기 자리에는 바닥에 무엇이 덕지덕지 붙어 있다. 뭔가 하고 자세히 봤더니 강아지똥 무대 꾸밀 때 썼던 까실이(벨크로테이프) 조각이다. 그날 아이들이 "선생님, 동기는요 까실이를 자꾸 자기 호주머니에 넣어요." 하더니, 아직까지 가지고 놀았던 모양이다. 호기심 많은 동기는 그날 딱지 접은 것에다가 까실이를 붙여서 온종일 붙였다 뗐다 하면서 종알거렸다.

"어어, 요기도 붙는다."

"선생님, 이거 옷에도 붙어요."

"야, 정한빛, 이거 신발 끈에는 붙는데, 신발 이쪽에는 안 붙는다이!"

그때가 언제냐, 오래도 가지고 놀았다.

공책 한 권이 구겨져 컴퓨터 책상 아래 틈에 끼여 있다. 구겨진 걸 다 펴고 먼지를 털고 보니 석우 것이다. 공책 앞뒤 겉장은 여기저기 찢겨서 너덜너덜하다. 석우 걸상 아래에는 늘 공책이며 옷가지며 필통이며 이것저것 널려 있다. 발에 밟히거나 말거나 하루 종일 어질러 놓았다가, 집에 갈 때나 겨우 허겁지겁 담아 가는 날이 많다. 공책이 다 찢기지 않고 이 정도 남아 있는 것만으로도 다행이다. 공책을 넣어 주려는데 아예 들어가질 않는다. 허리를 굽혀 책상 속을 보니 빈틈이 없다. 책상을 뒤집어 쏟아 놓고 보니 절로 혀가 끌끌 차인

다.

"어이구, 석우는 이래가 우야겠노? 책상 속에 도깨비도 살겠다."

학교 도서실 라벨이 붙은 책도 세 권이나 된다. 지난번에 연체되어서 책 못 빌려 준다 했을 때 집에도 없고 가방에도 없으니 가져다 낸 것 맞다고 우기더니 이렇게 책상 서랍 속에 꼭꼭 숨겨 놨다. 이런 녀석이 받아쓰기는 날마다 백점 맞는다고 받아쓰기만 하자고 우쭐댄다. 석우 자리에 엉덩이 깔고 앉은 김에 둘레도 돌아본다.

'아니, 이거 지훈이 자리 맞나?'

어찌나 깔끔한지 지훈이 이름을 한 번 더 찾아본다. 그림을 그리 거나 색종이를 오려 붙이거나, 학습지 한 장을 해도 맨 끝까지 남아서 하는 지훈이다. 그러다 보니 책상 위에는 늘 앞 시간에 하던 것이 그대로 올려져 있고, 다음 시간에는 또 그것이 쌓이고.

"지훈아, 조금만 빨리 하면 좋겠다. 다른 사람들 할 때 한눈팔지 말고 빨리 하면 안 될까?"

늘 빨리빨리 하라고만 했지, 지훈이가 이렇게 꼼꼼하게 챙기는 아이인 줄은 몰랐다. 뭘 해도 하나 흐트러지지 않게 하려고 하니 자꾸 늦어질 수밖에. 이제부터 한눈팔지 말라는 말은 안 해야겠다.

지훈이 자리를 보고 일어서는데 수빈이 자리가 눈에 들어온다. 서랍 안에 제법 두꺼운 공책이 한 권 보인다. 1학년 아이들이 잘 쓰지 않는 공책인데 싶어 별 생각 없이 쑥 빼어 들었다. '언니 공책인가?' 하고 대충 가운데쯤을 펼쳤다. 잘 쓴 글씨는 아니지만 무언가 열심히 써 놓았다.

…… 내가 사는 것은 왜 살고 있을까? 날마다 아이들 밥 안 굶기고 옷 사 입혀 주면서 살면 그냥 잘 사는 것인가. 밥만 먹여서 키우면 되는 것일까.

수빈이 어머니 일기장 같아서 덮으려다 수빈이네 사는 모습이 궁금해서 그냥 읽어 내려갔다.

차라리 이래 키우려면 낳지를 말아야 하는데. 남들 다 보내는 학원 하나 못 보내고, 집에 오면 따뜻한 밥 한 그릇 못 챙겨 먹이고, 잘 때나 들어와서 아침 일찍 눈도 안 떨어진 아이들 앉혀서 밥 한 술 먹이고 나가면서……. 이렇게 아이들 뒷바라지도 못 하면서 나는 오늘도 받아쓰기 못한다고 아이를 붙잡고 욕이나 퍼부었다.

민망한 마음이 들어 덮었다가 다시 펼쳤는데, 이번에는 수빈이가 그렸는지 여기저기 여자아이들 그림이 많이 그려져 있다. 며칠 전에 써 준 알림장도 적혀 있다. 엄마가 쓰던 공책을 제 마음대로 알림장으로 쓰려고 가지고 온 것일까? 알림장이 띄엄띄엄 제법 오랫동안 적혀 있다. 몇 장을 더 넘기니 시장을 보고 적은 듯한 글이 보인다.

수빈이 청바지 2,500원, 수영이 티샤스 2,000원, 오뎅 2,000원, 시래기 1,000원, 떡볶이 떡 1,000원, 무우 반 개 1,000원. 만 원을 들고 나와도 살 것이 없다. 무우라도 많이 썰어 넣으면 오뎅국이 시원하고 맛있는데 너무 비싸서 그것도 반 개만 샀다. 만 원 가져간 것이 다 녹아 버려서 대파는 안 샀다. 이래라도 장을 봐서 국이라도 끓이는 날은 아이들 밥 먹이기가 편하다.

'2,500원, 2,000원,…… 읽다가 만 원 가져간 것이 다 녹아 버렸다'는 대목에서 애가 녹는 것 같아 더 읽지를 못하고 공책을 덮었다. 그대로 자리로 와서 털썩 앉아 수빈이 자리를 보는데 왜 이렇게 눈물이 날까? 지난번 현장체험학습 갈 때 맨 마지막까지 참가비를 못 내다가 하루 전날 꼬깃꼬깃 접은 돈을 가지고 왔던 것이 떠오르면서 더욱 가슴이 아프다. 급식비 독촉장을 들려 보낸 것도 부끄럽다.
한참 동안 수빈이 자리를 보다가, 공책을 내려다보다가, 또 수빈이 자리를 보다가 다시 공책을 들었다. 남의 속사정을 엿본다는 것이 민망하고 죄스럽지만 그래도 펼쳐 들었다. 그러나 수빈이 어머니 일기장은 아니었던지 그런 글은 더 없고 수빈이가 해 놓은 낙서와 받아쓰기 공부 한 흔적, 알림장 적은 것, 어지럽게 그려 놓은 그림들이 모두다. 아마 자주 안 쓰는 공책이라 수빈이 쓰라고 주었다가, 가슴이 무너져 쓰지 않고 못 배기는 날에는 이렇게라도 썼던 모양이다. 공책을 도로 가져다 놓으려고 덮는데 뒷부분에 다른 글이 하나더 보인다.

처박고 죽고 싶다. 잘 먹이고 잘 입힐 만큼 벌지도 못하면서 밤낮없이 나다니다가 아이 다리가 저렇게 된 것도 모르고, 우리는 도대체무엇에 미쳐서 사는지. 어린것이 다리를 영원히 절게 되면 나는 얼굴을 쳐들고 살 수 있을까? 제발 큰 병이 아니기를 빕니다. 하느님, 내다리를 떼어 가면 갔지 우리 수빈이 다리는 좀 그냥 놔두세요. 부모잘못 만난 것이 죄지 저 어린것이 무슨 죄가 있습니까? 밤에 잘 때 들어와서 자는 아이 얼굴 한 번 보고 자고, 아침에 일어나서 겨우 밥 한숟가락 먹여서 학교로 쫓가 보낸 것이 이래 큰 죄로 돌아온답니까?하느님 그 죄가 그래 크면 내 다리를 잘라 가십시오.

가슴이 덜컥 내려앉는다. 어제, 수빈이 걸음걸이가 자꾸 이상해져서 병원에 데려가 보겠다고 하더니, 병원에 다녀와서 쓴 글인 모양이다. 이렇다 저렇다 생각할 틈도 없이 전화기를 들었다. 집에 전화를 걸어도 아무도 받지를 않고, 수빈이 어머니 손전화도 안 받는다. 그래도 오늘 학교에 왔으니 큰일은 아니겠지? 어머니 마음이다

보니 지나치게 부풀려서 받아들인 것이겠지? 그렇게 생각하려고
해도 가슴이 진정되질 않는다.

한 달쯤 되었을까? 어느 날 수빈이가 다리를 조금 절룩거린다 싶
어 물었다.

"수빈이 다리 다쳤나?"

"언니하고 다리 째기를 했는데요, 너무 많이 째서 그래요."

수빈이가 히쭉 웃길래 따라서 웃어넘겼다. 그 뒤로 가끔 다리를
절었는데도 "또 다리 째기 했나? 너무 심하게 하면 안 되는데." 하
고 대수롭지 않게 넘어갔다.

'수빈이한테 무슨 일이라도 생기면 어쩌나?'

아무리 생각해도 이번 일은 모두 내 잘못이다. 아이 말만 듣고 그

냥 넘어가는 게 아니었는데, 집에 전화해서 병원에 한번 가 보라고 했으면 좀 더 빨리 알았을 텐데. 보건실에라도 한번 데려가 보았더라면. 수빈이한테 큰일이 생긴다면 이건 모두 담임인 내 잘못이다. 부모들보다 나하고 학교에 있는 시간이 더 많은데, 그걸 모르고 넘어가다니. 학교에 오면 내가 엄마라고 말하면서 엄마처럼 곰살맞게 돌보아 주지도 못했다. 내 아이였으면 "다리 째기 고만 해라." 하고만 넘어갔을까?

"학교에 오면 내가 엄마대이." 했던 이 입을 꽁꽁 기워버리고 싶은 날이다.

느리고 느린 혜은이

"혜은아, 뭘 보고 앉았노?"

"어어 또 그러네. 혜은아, 밥 먹다가 뭘 그래 보고 앉았노?"

"혜은아, 숟가락만 물고 앉아서 뭐 하노?"

"아이구 혜은아, 밥 먹다가 말고 뭘 그래 구경할 게 많노?"

"혜은아, 어서 밥 먹고 나서 동무들하고 놀자."

"혜은아, 밥알을 그래 하나하나 고르고 있노? 한 숟가락씩 폭폭 좀 떠먹지."

"이때까지 그러고 있나? 다른 동무들 다 먹고 가는데."

4월에 학교 급식을 시작하면서부터 지금까지 이어지는 타박이다. 혜은이가 밥 먹는 걸 보고 있으면 목까지 차오르는 한숨을 삭이느라 몇 번이고 얼굴을 찌푸리게 된다.

밥 몇 알 넣고 숟가락은 그냥 문 채로 뒤로 돌아 구경하고, 짝지한 테 참견 좀 하고, 반찬 겨우 한 오라기 골라 입에 넣고 물 한 모금 마시고.

물도 그냥 마시는 게 아니다. 큰 뚜껑 벗겨 옆에 놓고, 작은 마개 를 돌려서 여는데 이것도 한참 걸린다. 마개를 열면 이것도 옆에 나란히 줄 맞춰 놓고 천천히 물을 반쯤 붓고, 안에 마개를 들고 천천히 돌려 잠근다. 그러고 나서 물을 너댓 번에 걸쳐 한 모금씩 천천히 마신다. 남은 한 방울도 아쉬운 듯 고개를 젖혀 몇 번 더 탈탈 털어 넣고 입맛을 다신다. 물 마신 큰 뚜껑을 닫고, 이제 수건을 꺼내서 얌전하게 펴서 물병을 돌려 가며 살살 닦는다. 수건을 착착 접어서 지퍼백에 넣고 지퍼를 꼭꼭 눌러 가며 조심조심 닫는다.

그러고 나서야 겨우 숟가락을 다시 든다. 밥 몇 알 넣고 국을 뜨는데, 조그만 건더기 하나라도 걸려들세라 옆으로 말끔히 걷어 내면서 맑은 국물만 겨우 몇 방울 떠서 입에 넣는다. 그러다 어디서 무슨 소리가 나면 숟가락 든 채로 하염없이 구경만 하고 앉았다.

"혜은아, 뭐 보고 있노?"

이 말이 들리지 않으면 언제까지 그렇게 앉아 있을지. 식판에 밥을 받아 들고 자리에 들어가면서부터 다 먹고 나올 때까지 이 장면은 정말로 천천히 돌아가는 느린 화면을 보는 듯하다. 밥을 다 먹을 때까지, 아니면 내가 지쳐서 이제 그만 가지고 오라고 할 때까지 혜은이는 이걸 되풀이한다.

처음에 급식을 시작했을 때는 빨리 먹는 아이도 있고 천천히 먹는 아이도 있지 하고 그냥 두었더니, 지금까지도 혜은이는 점심밥만 들고 앉았다 하면 세월아 네월아 하고 있다.

게다가 1학기 때는 다 함께 학교 아래 큰길까지 데리고 가서 길을 건네줘야 하니 혜은이를 언제까지나 기다리고 있을 수가 있어야지. 빨리 먹는 아이는 십 분이면 벌써 다 먹는데 한 시간 넘게 혜은이를 기다리고 있을 수가 없다. 먼저 먹고 나간 아이들이 운동장에서 기다리고 있다 생각하면 나도 모르게 마음이 조급해진다.

1학년 아이들이 줄 서서 기다려라 한다고 줄 맞춰 서서 얌전하게 기다리고 있을 아이들인가? 줄을 서서 기다린다고 해도 그렇지. 혜은이 하나를 기다리느라 삼사십 분씩 밖에 서 있으라고 하기도 미안한 일이지. 잠시도 가만히 있지 못하는 1학년들이 한자리에서 십 분이고 이십 분이고 서 있을 수가 있나? 줄에서 뛰쳐나가 내닫다 넘어져서 무릎이 깨지는 아이, 무거운 가방을 메고 미끄럼틀을 거꾸로 타고 내려오다 벌렁 뒤집혀 떨어져서 다치는 아이, 힘이 넘치는 6학년 남학생들이 차는 공에 옆구리를 맞아 데굴데굴 구르는 아이. 먼저 나간 아이들이 언제 또 어떻게 다칠지 모르는데, '그래, 혜은이 니는 워낙 밥을 그렇게 먹으니 그래 니 먹는 대로 먹어라. 우리는 기다릴게.' 하고 언제까지 기다려 줄 수가 없었다. 가만 생각해 보면 나는 다른 아이를 핑계로 혜은이를 너무 달달 볶아쳤다.

혜은이는 밥 먹는 것만 그런 게 아니다. 아침에 교실에 들어서 꾸벅 인사하고 자리에 가면 가방 열고 필통이랑 공책 꺼내서 책상 위에 나란히 놓고, 무슨 교과서 꺼내는지 물어서 책꽂이에 가서 교과서 가져오는 데도 한참이다. 무엇을 해도 혜은이한테는 바쁜 일이 없다. 쉬는 시간이 되어 신나게 뛰어나가는 동무들을 보아도 혜은이는 그때까지 제가 할 것을 다 못 해, 책상 앞에 앉아 놀러나가는 아이들 구경만 한다.

그렇다고 혜은이가 늘 답답하기만 한 것은 아니다. 어제도 대경이가 제 자리 밑이 너무 어질러져서 치우지도 못하고 어쩔 줄 몰라 하고 있는데 혜은이가 가서 모두 챙겨 넣어 주었다. 물론 천천히 굼뜨기는 하지만. 또, 다리를 다쳐서 밖에 못 나간 하은이랑 말동무도 해 준다. 모둠에서 뭘 의논하라고 해 놓고 가만히 보고 있으면 제법 어른처럼 끌어가기도 한다. 아이들하고 이야기하고 놀 때도 동무가 잘 못을 하더라도 뽀르르 와서 일러 주기보다는 "참 나." 하듯 씨익 한 번 웃고는 그냥 넘어갈 줄도 안다. 바탕이 참 곱고 듬직한 아이다.

가위질을 하든 그림을 그리든 무엇을 했다 하면 1학년답지 않게 참 꼼꼼하게 하려고 애쓰는 모습도 다른 1학년 아이들보다 낫다. 꾀를 부린다거나 대충대충 해 놓고 다 했다고 뛰쳐나가지도 않고 제가 해야 할 일은 언제까지든 한다. 그냥 하는 대로 내버려 두면 첫째 시간 할 일을 셋째 시간, 넷째 시간까지 끌고 가는 것이 흠이지. 화장실에 오줌 누러 가는 시간 말고는 엉덩이를 떼지 않고 앉아서 꼭 해낸다. 참 정직하고 눈속임을 할 줄 모르는 아이다. 그런데 나는 이런 혜은이를 자꾸 재촉하고 나중에는 짜증 섞인 소리로 "혜은아, 혜은아." 불러 댄다.

한 해를 마무리하면서, 크리스마스를 앞두고 아이들에게 카드를 쓰다가 이 아이, 혜은이한테서 한참 머무른다. 죄를 많이 지은 것 같아서. 지금 이렇게 미안해하면서 내일이면 나는 또 재촉할지도 모른다. 혜은이 어머니가 머리에 떠오르면 나는 또 쫓기듯이, 아니면 마뜩잖은 내 감정을 실어서 아이를 들볶을지 모른다. 참 어리석고 모자라게도 혜은이 못지않게 나도 이 짓을 한 해 가까이 고치지 못하고 지금까지 이 모양이다. 혜은이 어머니, 이 젊은 엄마 한 사람도 설득하지 못하고 애꿎은 아이만 잡고 있는 꼴이다.

4월, 급식을 시작하고 얼마 되지 않았을 때, 그때는 혜은이처럼 늦게까지 밥을 먹는 아이들이 더러 있었다. 날마다 늦게 먹는 아이들 챙기랴, 먼저 먹은 아이 나가 노는 것 신경 쓰랴 힘든 씨름을 하고 있을 때, 혜은이 어머니가 부탁을 했다.

"선생님, 한 시 반에 수업하는 게 있거든요. 한 시 반까지는 집에 꼭 좀 보내 주세요."

"아니, 열두 시 이십 분에 점심 먹기 시작하면 밥 다 먹고 챙겨서 나가면 아무리 빨라도 한 시는 되어야 교문을 나서는데, 어떻게 한시 반부터 또 다른 공부를 한다고 시간을 잡아요? 더구나 혜은 이는 다른 아이들보다 밥도 느리게 먹는데."

"다른 일정 때문에 바빠서 그 시간밖에 안 되더라고예. 밥 안 먹으면 안 먹는 대로 그냥 보내 주이소."

"그 선생님이 바쁘다는 겁니까? 혜은이가 바쁘다는 겁니까?"

"둘 다예. 둘이 하는 게 많으니까 시간 맞추기가 너무 어렵더라고예."

"일학년이 하는 게 무어 그리 많습니꺼? 아이를 너무 볶아치는 거 아니예요?"

"아입니더. 몇 가지 안 하는데."

"아아가 좀 쉬어야지, 그렇게 시간을 빡빡하게 내모니까 아이가 지치잖아요. 혜은이 느리고 느린 게 그 탓인 것 같은데."

"그래도 다 지가 하고 싶다고 해서 하는 건데예."

"아이들이야 아직 어리니까 다른 아이들 하는 게 좋다 싶으면 따라 하고 싶고, 어른들이 잘한다 잘한다 부추기고 칭찬해 주면 힘든 줄 모르고 할라고 하지예."

"집에서는 그렇게 안 느리고 지 할 거 다 하고 잘하는데……."

"아아가 하기 싫다 안 하고 좋다 좋다 한다고 그렇게 무조건 다 시킬 것이 아니라 어머니가 혜은이한테 정말 필요한 게 무엇인지 좀 생각을 했으면 좋겠어요."

"지가 좋다고 할라고 하는 걸 우짭니꺼. 우리 혜은이는 그래도 다 소화하는데예. 힘들다 안 하고 잘하는데요."

"어른이고 아이고 열심히 일하는 시간이 있으면 또 꼭 쉬어야 하는 시간이 필요하지 않겠어요? 우리 어른도 힘에 부치게 일했다 싶으면 아무것도 안 하고 쉬고 싶잖아요? 그게 일하다가 쉬는 시간이 있어야 다음 일에 능률도 오르고 그렇지요. 조렇게 어린 혜은이 한번 보세요. 학교 마치고 가서 좀 쉬면 좋을 텐데 집에 가자마자 선생님이 기다렸다가 공부하고, 학원 가서 피아노 치고, 성악 하고, 학습지 하고, 가베라나 그거 하고, 과학 교실도 간다면서요? 또 뭐라더라 들어 보니 그것 말고도 하는 거 몇 가지 더 있던데."

"그거 다 혜은이 지가 하고 싶어서 하는데예. 그라고 어렵다고도 안 하고 힘들다고도 안 하는데……."

혜은이 어머니는 자꾸 같은 말만 되풀이하지 '좀 생각해 보마' 하는 얼굴도 아니다.

"그렇게 힘들게 하니 어느 한쪽에서라도 쉬고 싶지요. 지금 보니까 학교에서 혜은이 그렇게 느리고 느린 게 정말 그 탓인 거 같아요. 사람이 좀 쉬어야지. 아마 혜은이 지가 쉬고 싶다 해서 할 일을 굼뜨게 하는 것이 아니라 저절로 몸이 그렇게 되는 걸 거예요. 내가 이래서는 안 되겠다 싶은 걸 몸이 먼저 아는 거지요. 제 살 궁리를 몸이 하는 거라고요."

아무리 이야기를 해도 혜은이 어머니는 끝내 굽히지 않았다. 1학기에 그렇게 몇 차례 이야기를 나누었지만 혜은이는 한 해가 다 되어 가는 지금까지 그 많은 걸 다 하고 있다. 줄이기는커녕 2학년 되기 전에 수학, 영어를 더 잘하는 데로 옮길 거라고 더 먼 곳을 알아보고 있다고 한다. 그 딱한 아이 혜은이를 생각하면 "어서 먹어라, 한눈팔지 마라, 할 일부터 해 놓고 놀아라." 할 수가 없다.

아직도 혜은이 어머니는 혜은이가 조금이라도 늦다 싶으면 어김없이 전화를 한다.

"선생님이 와서 기다리는데 혜은이가 아직 안 오네요?"

"밥 안 먹으면 안 먹이고 그냥 좀 보내주세요. 집에 김밥 준비해 놓았으니 공부하면서 먹이면 되거든요."

그럴 때마다 나는 또 속 좁은 인간이 되고 만다.

'학교 있는 동안이라도 그냥 니 몸이 시키는 대로 해라.' 하던 마음은 금방 사라져 버린다.

"니이, 그라다가 또 엄마한테서 전화 온다이. 전화 오기 전에 어서 밥 먹고 가자."

오늘 혜은이한테 줄 카드에는 온통 "내가 잘못했다, 미안하다." 써 놓고 내일 점심때면 또 똑같은 짓을 하고 있겠지. 아이고, 이 못난이!

용민이와 재민이

오늘도 이 시간에는 학교 올라가는 길이 '정체'다. 조금 비켜서 먼저 올라가고 싶지만 좁은 오르막길엔 옆으로 비켜설 자리도 없다. 아무리 천천히 걸어도 그마저 발길이 자꾸 부딪쳐서 몇 번이고 멈추어 섰다가 걸어야 한다.

"대답 안 할끼가?"

왁자하던 등굣길이 조용해진다. 용민이다. 또 무엇 때문에 화가 났는지. 한발 앞서 재민이가 입을 꾹 다물고 올라온다. 형이 아무리 소리 질러도 별 대꾸를 안 하는 재민이다.

"재민이, 니 진짜로 대답 안 할끼가?"

용민이만 소리를 쳐 대고 재민이는 아무 말도 없다. 또 속이 상할 재민이가 애처롭다.

"니이 자꾸 그라면 엄마한테 다 말한다. 엄마가 형님한테는 다 양보하라 했제?"

재민이는 한숨을 푹 쉬면서,

"그래도 우리 반 준비물인데 어째 양보하노?"

한마디 하고는 또 입을 다문다. 손에는 반짝이 줄을 꼭 쥐고 있다.

교실을 꾸며 보자고, 집에 쓰고 남은 것 있는 사람은 좀 가져오라고
했더니. 아마 용민이도 욕심이 난 모양이다.

교문을 들어서고 운동장을 지나 우리 교실까지 용민이는 소리를
지르면서 따라왔다. 재민이는 늘 그런 것처럼 가방을 열고 필통이랑
일기장, 알림장을 꺼내고, 사물함에다 가방을 넣는다. 교실 앞으로
와서 오늘 공부할 교과서를 챙겨다 놓는다. 잠깐 앉았는가 싶더니
학급 문고에서 책을 한 권 고르고, 학습지 상자에서 종이도 한 장 꺼
내 간다. 반짝이 줄은 아직도 한 손에 꼭 쥐고.

용민이는 그때까지 뒷문을 열어 놓고 씩씩 숨을 몰아쉬면서 재민
이를 노려보고 있다. 오늘도 쉽게 교실로 올라갈 기세가 아니다. 문
을 활짝 열어 놓으니 바람이 찬지 재민이도, 그 옆에 아이들도 어깨
를 한 번 움츠리더니 용민이를 내다본다. 이젠 아이들도 용민이한테
뭐라 말을 붙이지 않는다. 용민이가 제풀에 지쳐 돌아가기 전에는
어쩔 도리가 없다는 것을 아이들도 모두 안다.

정서 장애가 조금 심한 용민이는 자기 화만 긁지 않으면 우리 반
아이들하고도 곧잘 논다. 그러다 조금만 자기 욕심대로 안 되면 자
기보다 서너 살 어린 동생한테든 선생님한테든 자기 하고 싶은 대로
어깃장을 부려 댄다. 이쯤 되니 우리 반 아이들도 이젠 어디쯤에서
그만두어야 할지 아는 것 같다.

형이 저렇게 눈을 흘기고 섰는데 책을 읽은들 뭐가 들어오겠나 싶
어 할 수 없이 또 내가 나선다.

"용민이, 오늘은 또 뭐 땜에 화가 났노?"

말 붙이기를 기다렸다는 듯이 용민이는 핏대를 세우며 목소리를
높인다. 복도가 다 우렁우렁한다.

"재민이가 자꾸 지만 가져간다고 고집 부리잖아요."

"저거 오늘 우리 반에서 공부 시간에 쓸 거거든. 준비물이니까 가져와야 된다."

꼭 가져와야 되는 건 아니지만 재민이 편을 들어주고 싶다. 집에서는 용민이 어깃장에 지쳐서 어머니도 아버지도 늘 어린 재민이더러 양보하라고만 했을 테니까.

"엄마가 형님한테 양보하라 했는데. 말도 안 듣고."

"용민이 반도 저거 준비물이가?"

"우리 반에도 꾸밀 거예요."

"재민이 알림장에 장식물 가져오기 적어 놨을 건데. 니도 알림장에 적혀 있나?"

"그래도 형님이 한다 카면 줘야 되잖아요."

"니는 준비물도 아니라메? 형님이 달라 한다고 다 주고 나면 재민이는 뭐 갖고 공부하노?"

그 말에는 대답도 없다. 늘 지한테 유리한 말만 기억해서 그 말만 되풀이한다.

"그래도 엄마는 형님한테 양보하라고 했단 말이에요."

"저거는 재민이 준비물인데 양보하면 재민이는 우짜라고."

"재민이가 양보를 안 하잖아요."

"동생만 양보하는 기 아이고, 형님도 동생한테 양보할 줄 알아야 된다."

"재민이가 형님한테 양보해야 된단 말이에요."

자기가 듣고 싶은 말 말고는 아무 말도 들으려고 하지 않는 줄 알면서 자꾸 말을 주고받다 보니 내 목소리도 점점 올라간다. 어서 그만 이 말씨름을 끝내야 하는데 자꾸 용민이한테 말려들어 가는 기분이다.

"엄마가 준비물까지 형님한테 양보하라는 말은 안 했제?"

"재민이는 형님한테 대답도 안 하고. 내 오늘 안 참을 거예요."

"안 참으면? 재민이는 인자 공부해야 되니까 니는 너거 교실로 올라가라."

내 말은 들었는지 말았는지 으르댄다.

"재민이! 니 오늘 함 보자이. 엄마한테 니는 혼난다이."

"이용민, 어서 올라가라. 우리는 공부할란다."

이쯤에서 어서 끝내고 싶기도 하고 지치기도 해서, 뒷문을 닫고 교실로 들어와 버렸다.

"자아 첫째 시간은 ……."

뒷문이 확 열리더니, 용민이가 더욱 씩씩 숨을 내쉬면서 재민이를 노려본다.

"용민이 자꾸 그랄래? 문 닫고 어서 올라가라아."

목소리를 차악 가라앉히고 말하지만 목에 힘이 잔뜩 들어간다. 재민이는 머리를 감싸 쥐고 책상에 엎드려 버린다. 그 모습을 보자 그만 화가 치밀어 오른다. 어린것이 저런 형을 끌어안고 살아가야 한다는 것이 애처롭다 못해 벌컥 화가 난다.

"이용민! 문 닫아! 교실로 올라가라아!"

내 목소리에 힘이 들어간 것이 느껴지는지, 눈꼬리를 조금 움직이는가 싶더니 눈길은 그대로 재민이한테 꽂혀 있다.

"우리 공부해야 된다. 어서 올라가라. 우리 반에 조금만 쓰고 형님 주라 하께."

“지금 해야 돼요.”

“그럼 반씩 나눌까?”

“한 개 다 해야 돼요.”

또 화가 치민다. 참아야지. 끓는 화를 꾹꾹 누른다.

“다른 아이들은 준비물 있는데 너거 동생만 없으면 되겠나?”

아아, 이래 여러 마디 하면 안 되는데, 또 말려든다. 여기서 잘라
야 돼.

“용민이. 한 번 더 문 열면 니 오늘 혼난다.”

문을 닫고 들어온다. 문이 확 열린다.

“대현아, 문 좀 닫을래?”

대현이가 일어나서 문을 닫는다. 또 문이 확 열린다.

“대현아, 좀 닫아라.”

또 열린다.

“정민아, 닫아라.”

또 문이 확 열린다. 그냥 열린 채로 둔다. 그런데 이번에는 탁, 타
닥, 툭 뭘 집어 던지는 소리가 요란하다. 또 신발을 다 꺼내서 던지
겠지. 소리가 좀 거슬리지만 절대로 신경 쓰지 않겠다고 다짐하면서
그냥 우리 할 일만 한다. 신발을 다 던져도 반응이 없으니 이번에는
문짝을 쾅쾅 찬다. 아이들은 모두 뒷문만 바라보고 있다. 무슨 말이
귀에 들어가랴.

이렇게는 도저히 공부가 안 된다. 재민이를 본다. 재민이는 눈물
만 흘리지 않지 거의 울고 있다. 1학년짜리 저 조그만 아이를 보니
정말 눈에 보이는 게 없어졌다. 복도로 달려 나간다.

“신발! 어서 넣어라!”

용민이는 꼿꼿하게 서 있다.

"신발 주워!"

꼼짝도 않는다. 쉽게 들을 녀석이 아니지. 나는 머리끝까지 치밀어 오른 내 성질을 어쩌지 못하고 용민이 머리를 억지로 눌러 허리를 굽히게 만든다. 용민이도 있는 힘을 다해 버틴다.

"빨리! 주우란 말이다."

힘이 장사다. 내 힘으로는 허리 하나 굽히게도 못 한다. 그러다가 재민이, 우리 재민이의 애절한 눈빛을 보는 순간, 손에고 다리에고 힘이 쭈욱 빠진다.

'내가 지금 이 얼라 같은 아이를 붙잡고 무슨 짓을 하고 있나.'

집에서는 형한테 다 내주고 어린 속을 끓일 재민이. 우리 교실에서만은 재민이 마음대로 기 펴고 살게, 1학년 아이답게 살게 해 줘야지 하던 욕심이 오늘도 너무 앞섰다. 저 어린 재민이만도 못 한 꼴로 나는 용민이한테 내 성질을 다 풀고 있는 게 아닌가. 겨우 정신을 가다듬었다.

"용민아, 그래, 미안하다. 어서 니도 교실로 올라가라."

용민이가 들든 말든 겨우 한마디 하고 자리로 와 앉았지만 재민이를 볼 수가 없다. 내가, 정신도 못 차리고 형이랑 똑같이 싸우는 꼴을 보고 우리 재민이 그 마음이 어떻겠노? 아아, 나는 나이가 마흔이 넘도록 아직도 이렇게밖에 못 한단 말이냐. 하루 종일 재민이 얼굴도 못 보겠고 용민이한테도 미안하다.

다음 날 재민이 일기를 보면서 나는 정말 쥐구멍에라도 들어가고 싶었다.

...... 나는 우리 형님아가 다른 형님아들하고 똑같이 되면 좋겠다. 그래도 내한테 잘 해 줄 때도 많다. 아빠가 밤에 일 나가고, 엄마도 밤에 늦게 오면 나는 형님하고 있으면 안 무섭다. 그런데 나는 동생이니까 형님을 잘 도우면서 지내야 된다. 그런데 내가 자꾸 양보를 안 해서 형님아가 화가 많이 난다. 나는 오늘 우리 선생님이 참 고마웠다. 우리 형님아를 안 때리고 말로만 혼내고 보내줘서 고맙습니다. 나는 형님이 우리 교실에 오면 마음이 조마조마한다. 선생님한테 혼나면 형님아가 불쌍하고 형님아가 선생님 화나게 하면 선생님한테 미안하다. 다음에는 내가 먼저 다 양보할 것이다. 그러면 형님아가 우리 교실에 안 올 것이다.

아직 어려도 한참 어린 1학년짜리 우리 재민이는 이렇게 정서 장애가 있는 형을, 그래서 조금 남다른 형을 제 나름대로 받아들이면서 자라고 있다. 어쩌면 이런 형을 끌어안고 언제까지나 제 속을 끓이면서 살아가야 할지 모른다. 한 달에 한두 번쯤 이런 일을 겪으면서 한 해를 보냈건만 나는 아직도 용민이를 달랠 줄 모르고 똑같이 싸우는 날이 많다. 말만 선생이지 오늘도 나는 1학년 동무, 우리 재민이한테 고개 숙여 배운다.

진짜로 내 하고 싶은 거 하라고 했어요

영준이한테 안 하던 버릇이 하나 생겼다. 눈을 자꾸만 깜박거리는 것이다. 눈에 무엇이 들어간 것 같지는 않은데 한 며칠 자꾸만 깜박 거린다.

"영준아, 눈에 뭐가 들어간 것 같아?"

"아니요."

쉬는 시간에 동무들하고 놀 때도 그렇고 공부 시간에 설명을 들을 때도 그런다.

"영준아, 눈이 가려워?"

"잘 모르겠는데요."

자꾸 물어보는 것도 아이한테 부담스러울 것 같아 그냥 두고 보기로 했다. 그러고 보니 칠판 앞에 나와 수학 문제를 풀 때도 많이 깜빡거리는 것 같다. 쉬는 시간에 아이들하고 놀 때는 조금 덜하다. 무언가를 하려고 긴장하면 더 깜박거려지나 보다. 아침 말하기 시간에 동무들 앞에 나와 이야기를 하려고 섰는데, 갑자기 눈 깜박거리는 것이 더 심해진다. 이야기도 꺼내지 못하고 한참 눈만 깜박거리고 있는데, 아이들이 한마디씩 한다.

"어어, 영준이가 눈을 이상하게 해요."

"뭐가?"

"눈을 억수로 빨리 움직이잖아요?"

"아아, 영준이 눈이 좀 가려운강? 이야기를 잘하려고 하니까 좀 긴장이 되는강?"

그러고 아이들 말을 막았지만 영준이가 이야기 시간에 이렇게 망설이는 것도 처음 있는 일이다. 아침 이야기 동무가 되는 날은 아직 이야기 시간 안 되었냐고 재촉하는 아이다. 차례가 되어 앞에 나오면 망설이는 일도 없이 얼마나 이야기를 잘하는지. 어제 집에서 있었던 이야기든 동무들하고 놀던 이야기든 또박또박 이야기를 참 잘했다.

한 해가 다 되어 가도 칠판 앞에 서서 말할 시간만 되면 무슨 말을 꺼내야 할지 한참 뜸을 들이는 아이들이 있는가 하면, 영준이는 처음 입학하는 날부터 어찌나 또랑또랑하게 대답을 하던지 옆에 빙 둘러서서 보고 있던 다른 학부모들도 "우예 저래 똑똑하노?" 하고 부러워하던 아이다.

마냥 보고 있을 수만은 없겠다. 벌써 열흘이 되어 가고 있다. 아이들을 보내고 영준이 어머니께 좀 만나자고 했더니 다음 날 퇴근 시간이 다 되어서야 오셨다.

"아이 선생님, 안 그래도 그거 때문에 속상해 죽겠어예."

"와예? 그라머 집에서도 알고 계셨어요? 혹시 병원에는 안 가 봤어예?"

"병원에 가야 됩니꺼? 병원에는 안 가 봤는데. 저거 아버지는 안 하던 짓 한다꼬 자꾸 아아한테 혼만 내지예. 아아는 지가 안 할라고 해도 자꾸 그래 된다고 하지예. 저거 아버지는 처음에는 아아를 머라 카다가 인자는 저한테 자꾸 뭐라 합니더. 아아 하는 짓이 꼴 보기 싫다고예. 선생님, 와 저래 안 하던 짓을 할까예?"

"알고 계신다 카이 됐네예. 같이 방법을 찾아보입시더."

아이가 안 하던 버릇을 하니 아버지는 대놓고 아이를 나무랐다가 아이를 잘못 키웠다고 엄마를 나무랐다가 그러는 모양이다.

"이거는 아아한테 자꾸 하지 말라고 한다고 되는 일이 아니고예. 와 그런지 원인을 좀 찾아보는 기 좋겠네예."

영준이 어머니는 앞에 앉아 내 얼굴만 빤히 들여다보고 있다. 아아, 이럴 때 참 답답하다. 눈을 갑자기 깜박거릴 때는 무슨 까닭이 있긴 할 텐데, 내가 딱 부러지게 이게 원인이다 할 수가 있어야 말이지. 자신도 없으면서 함부로 말할 수도 없다. 아아 이럴 줄 알았으면 이런 공부도 좀 많이 해 놓는 건데.

"영준이 어머니, 학교 다닐 때 이런 경우를 좀 공부하긴 했지만 아주 깊이 있게 공부한 건 아니라서 자신은 없습니다. 제 말은 참고로 들으시고 같이 노력을 해 보입시더."

말을 그렇게 하면서 영준이 어머니 얼굴을 보자니 민망하기 그지없다. 자신 없다는 말도 그렇거니와 내 말이 떨어지기 무섭게 고대로 받아들일 것 같은 표정을 보니 더욱 그렇다.

"갑자기 눈을 깜박거릴 때는 눈에 병이 났을 때도 있고예. 그러니까 알레르기성 결막염 같은 거예. 그래서 눈이 가려워서 그런 때도 있고, 틱 장애라고 해서 자기도 모르게 그렇게 될 때도 있다고 하거든요. 그러니까 먼저 전문 안과에 한번 가 보고 오이소."

가만히 듣던 영준이 어머니는 병원부터 가 보라는 말에 조금 실망

한 듯하다. 담임이 뭐라고 시원하게 말을 못 해 주니 갑갑하기도 하겠지.

"틱 장애는 뭔데예? 그거는 신경계통 병 아닙니꺼?"

"병은 아니고예. 잠시 일어났다가 저절로 없어지기도 하고, 한 두어 달에서 일이 년까지 가는 경우도 있다고 합니더."

"그거는 와 그래 오는데예? 애정 결핍이나 환경 때문일까예?"

"아닙니더. 틱 장애는 꼭 특별한 이유가 있어서 그런 거는 아니고예. 스트레스를 많이 받거나 긴장을 많이 하면 생길 수도 있다데예. 마음이 불안하다든지 걱정을 많이 하는 아이들한테 더 잘 생긴다고는 합니다. 혹시 영준이 아버지께서 아이를 아주 엄하게 키우시는 건 아닙니꺼?"

"그래 엄하게는 안 키우는데예. 영준이를 얼마나 자랑하고 다닌다고예. 아아 똑똑하지, 의젓하지, 예의 바르지, 하나 나무랄 데가 없는 아들이라고 억수로 좋아합니다."

이런 이야기는 언제나, 누구에게나 참 조심스럽다. 걱정스러운 면이 보인다 하더라도 함부로 말할 수 없는 문제다.

"예에. 영준이가 사랑을 많이 받는가 보네예. 그러면 먼저 병원부터 함 가 보입시더. 어머니 내일 꼭 안과에 데려가 보시고예. 저한테 연락 주이소."

영준이 어머니가 집으로 돌아가고 나서, 입학 때 받은 '선생님께 들려주는 우리 아이 이야기'를 꺼내 본다. 영준이네 식구들이 적은 걸 찾아 들었다.

다른 집에서는 보통 어머니가 써 주었는데, 크고 함차게 적힌 글씨를 보니 영준이 아버지가 다 적은 것 같다. 누나들이 축하한다는 말도 아버지가 받아 적은 모양이다. 영준이 아버지가 영준이에게 거는 기대만큼이나 엄하고 빈틈없이 키우는 게 느껴진다.

다음 날 오후에 전화가 왔다.

"병원에 갔는데예. 눈에는 아무 이상이 없다고 하네예. 알레르기일 수도 있다고 알레르기 검사 했는데예. 우선 써 보라고 안약 같은 걸 줘서 받아왔습니더. 이거 넣어 보고 괜찮으면 안심하라 카든데예."

그 약을 써서 그런지 좀 괜찮아지는 듯 하더니 한 열흘쯤 지나자 다시 눈에 띄게 심해졌다. 병원에 다시 갔더니 결막염이 생긴 것도 아니고 알레르기 검사에서도 별 문제가 없는 것 같다고 그냥 시간을 두고 지켜보면 나을 것이라고 했단다.

그러는 사이 영준이는 점점 더 자주 눈을 깜박거렸다. 나중에는 일어나서 책을 읽을 때도 그렇고 아버지 앞에서는 눈을 쉴 새 없이 깜박거린다고 했다. 다시 영준이 어머니를 만났다.

"지가예, 선생님이 틱 장애 이야기하시더라고 말 꺼냈다가 영준이 아버지한테 억수로 혼났습니더. 아아를 정신병자 만들 일 있냐고요. 저거 누나들이고 집안이고 그런 사람은 아무도 없는데 영준이만 그란다고 아아 볼 때마다 성을 냅니더."

"어머니, 그거는 정신병이 아니거든예. 그라고 자꾸 눈 깜박거린다고 야단치면 더 심해질 수도 있습니더. 아버님한테도 잘 말씀드려서 너무 꾸지람하지 마시라고 해 보이소."

"그래 말했지예. 말이 안 통합니더. 병원에 가서 치료하면 된다고 오늘은 퇴근하고 자기가 어데 용한 한의원에 데리고 간다 하데예."

그 한의원 처방이 용했던지 알약으로 만든 한약을 먹고 나서 눈 깜박거리는 것이 사라졌다. 영준이는 다시 원래대로 돌아왔고 나도 마음을 놓았다. 괜한 아이 틱 장애로 몰고 갈 뻔 했다 싶어 나도 가슴을 쓸어내렸다. 그런데 웬걸, 한 달쯤 지나자 다시 눈 깜박거림이 시작되었다. 눈에 질병이 생긴 것 같지는 않다.

이번에는 영준이 어머니와 아버지를 함께 만났다. 처음에는 펄펄 뛰던 아버지도 이번에는 조퇴를 하고 학교로 왔다. 퇴근한 뒤에 만나도 된다 했지만 공무원 시간 다 아는데 퇴근 후 시간까지 뺏고 싶지 않다고 조퇴를 하셨단다.

두 분 다 오시라고는 했지만 나도 특별한 처방이 없다. 생각할수록 답답하고 한심한 노릇이다. 그냥 만나서 두 분이 영준이를 어떻게 보고 어떻게 키우는지, 내가 영준이를 어떻게 대하고 있는지 서

로 돌아보는 시간을 가지는 게 좋겠다 싶다.

먼저 말을 꺼내 놓았다.

"입학하는 날 영준이는 눈에 띄는 아이였습니다. 엄마 손을 놓지 않고 징징거리는 아이, 이름을 불러도 대답도 못 하는 아이, 아는 아이들과 몰려다니면서 입학식에는 전혀 관심도 없던 다른 아이들하고는 정말 달랐거든예. 우리 영준이는 일일이 담임과 눈을 맞추면서 또랑또랑하게 대답하고, 입학식이 다 끝날 때까지 줄에서 한 번 벗어나지도 않지예, 끝까지 똑바로 서서 듣는 모습이 얼마나 기특했는지 모릅니다. 입학을 하고 나서도 발표를 어찌나 또박또박 잘하든지예. 다른 아이들이 잘 모른다 싶으면 먼저 영준이부터 시키면 다른 아이들도 영준이처럼 따라 하기도 하고, 그때서야 어떻게 하는 것인지 알아차리고 그랬거든예. 공부하는 자세도 얼마나 훌륭한지. 동무들하고 싸우는 법도 없지, 자기 할 일을 미루지 않고 언제나 먼저 하지. 그러다 보니 다른 아이들 앞에서 늘 칭찬만 받았어예."

영준이 어머니도 말을 이었다.

"저도 우리 영준이가 얼마나 기특한지 모릅니더. 하나를 가르치면 열을 안다더마는 우리 영준이가 그래예. 유치원 다닐 때부터 유치원에서 배운 걸 집에서 다 하는데 어찌나 똑똑하게 잘하는지 날마다 그것 보는 재미로 살았어예. 아들 낳을라고 뒤늦게 하나 낳았는데 그기 얼마나 잘했다 싶은지 모릅니더. 입학해서도 얼마나 애살이 많은지 다음 날 학교에 가서 발표할 거를 다 연습하고, 지가 다 됐다 싶어야 잡니더. 저거 누나들은 안 그랬는데 어찌나 책임감이 있던지예. 학원 가고, 학습지 하고 그런 것도 얼매나 재미있게 하는지예."

영준이 아버지는 그때까지 입을 꾹 다물고 듣기만 하고 있다. 우리 둘이 이야기를 하다 말고 자기를 쳐다보자 입을 뗄 듯하다가 또 꾹 다물어 버린다.

"영준이 아버님도 영준이가 참 기특하지예? 아들 하나 있는데 그 녀석이 저래 똑똑하고 훌륭하다 아입니꺼?"

"그런데 그기……."

영준이 아버지가 입을 열었다.

"지금 생각해 보이 우리 영준이 어깨가 참 무겁겠다 싶습니다. 글마 말 좀 알아듣는다 싶을 때부터 우리 장손, 우리 장손, 우리 만 상주 카미 귀엽다 캤는데. 두 분 이야기 하는 거 들으니까 영준이 한테는 마이 부담이 됐겠네예. 제가 말단 공무원 하면서 얼매나

서럽고 고달프던지, 행정고시 쳐서 고급 공무원 되는 기 젤이라고 날마다 공부 공부 했던 것도 걸리네예. 밥을 묵어도 대장부 맨치로 묵어라, 울어도 사나이가 울면 안 된다, 말을 재불재불해도 입이 그래 가벼우면 안 된다 캤거든예. 학교서 받아쓰기 백 점 맞을 때마다 장난감 사 주고, 영어학원에서 받아쓰기 백 점 받을 때마다 피자 사 주고, 오는 사람마다 자랑을 해 쌓았더마는 그것도 글마한테는 마음의 짐이 됐지 싶습니다."

영준이 아버지 말을 들으면서 깜짝 놀랐다. 처음에 틱 장애란 말을 꺼내기만 해도 아이를 정신병자 취급하냐고 펄펄 뛰었다던 사람 입에서 저런 말이 술술 나오다니. 손수건을 꺼내서 눈을 서너 번 두드리더니 겸연쩍게 쓰윽 웃으면서 또 한마디 한다.

"아들놈 데리고 병원에 가도 아무 이상 없다 하지, 눈은 갈수록 더 깜박거리지⋯⋯. 선생님이 했다는 말 듣고 저도 마이 놀랬습니더. 틱 장애라 카면 저는 심리적으로 이상이 있거나 정신적인 문제가 있을 때 오는 줄 알았거든예. 사무실에서 시간만 나면 인터넷을 뒤졌다 아입니꺼. 인터넷을 봐도 시원한 답은 없데예. 책도 두 권이나 사서 읽었습니더."

아, 이게 부모 마음이구나. 아버지하고 엄마하고 표현 방법이 다르다더니 영준이 아버지가 말은 안 해도 그동안 혼자 고민을 많이 했구나 싶으니 가슴이 뭉클했다.

"저도 아까 두 분 앞에서 말씀드리면서 자꾸 머릿속에서 내가 한 못했구나 싶데예."

"선생님 탓도 아입니더."

그렇게 앉아 이야기하는 사이 영준이 눈이 이미 다 낫기라도 한 것처럼 마음이 가벼워졌다. 나도 이제 영준이 어깨를 짓누르는 건 아닐지 생각해 보고 난 뒤에 칭찬하기로 마음먹었다.

그런데 그럴 새도 없이 방학이 코앞에 다가왔다. 그러고 보니 이 일로 두어 달을 끌어온 셈이다. 그 두어 달 동안 영준이는 많이 힘들었겠지만 영준이 아버지나 어머니, 또 선무당 같은 선생 나는 많이 자랐다. 나도 알게 모르게 책도 사 보고, 여기저기 물어보고 인터넷 뒤지면서 공부를 많이 했으니.

방학이 반쯤 지났을 때 학교 도서실에서 영준이를 만났다.

"어어, 영준이 도서실에도 다 오고?"

"내요, 학원 다 끊고요, 진짜로 내 하고 싶은 거 하라고 했어요."

"학원 다 끊으니까 안 심심하나?"

"그래서요, 2월에는 내 하고 싶은 거 한 개만 하라고 했어요. 그때 가서 뭐어 할 거예요."

"뭐하고 싶은데?"

"쫌 더 생각해 보고요."

선쌔미, 내가 진짜로 고마워요?

나는 맨날 이렇게 하나씩 배우면서 살았다.
아이들이 먼저 대경이를 챙기고 거두면 그때서야
"사반 동무들 고맙대이. 너거들이 내보다 훨씬 낫네.
아이참, 나는 너거들보다 맨날 늦는다. 그치?"
뒤늦게 이런 말로 아이들한테 고마워하면서 한 해를 살았다.

춥다, 그렇지만 아이들이 있어 따뜻한 아침

  오늘은 다른 학교 선생님들까지 모셔다 연수회를 해야 한다. 이것 저것 준비할 게 많아 마음이 바쁘다. 아침에 일을 좀 하자 싶어 일찌 감치 출근했다. 아직 햇살이 들지 않아 바람이 차다. 너무 일찍 오지 말라고 해도 학교 언덕길에는 이른 아침부터 가방을 달랑거리며 앞서 올라가는 녀석들이 더러 있다. 올라가는 모습이 신나고 힘차다.

  '저렇게 신나게 학교로 가는데, 교실에서도 줄곧 저렇게 신나고 재미있을까?'

  '저 가벼운 발걸음이 하루 내내 이어지도록 하고 있나?'

  문득 자신이 없다.

  오호, 오늘은 우리 반에서 내가 일등이다. 나지막한 책상만 줄줄이 놓인 교실이 좀 심심하다. 아이들 자리를 휘 둘러본다. 어제는 수업만 마치고 부랴부랴 출장을 간 탓에 책상이 삐뚤빼뚤, 여기저기 어질러 놓은 곳이 많다.

  수연이 자리는 여전히 정신없다. 필통도 책도 공책도 공부 시간에 하던 학습지도 온 데 널려 있다. 교실 바닥 여기저기에 크레파스가 떨어져 있다. 밟혀서 부스러진 것도 있고, 싸 놓은 종이가 벗겨져 알몸으로 나뒹구는 것도 있다. 하나씩 주위 든다. 열 개 가운데 예닐곱에 영성이 이름이 쓰여 있다.

'이러니 주인을 기다리는 학용품 상자에 영성이 물건이 넘쳐나지.'

'에이구, 이건 또 뭐꼬?'

양말도 한 짝 떨어져 있다. 이것도 영성이 것이겠지? 영성이는 몸에 열이 많은지 교실에 들어오면 양말부터 벗어 던진다. 이렇게 추운 날에도 온종일 맨발로 산다. 어제도 짝 없이 돌아다니는 양말을 주위 줬는데 오늘 보니 또 다른 색깔이다.

지수 자리에는 어제 하던 학습지가 그림을 다 그리지 못한 채 반듯하게 놓여 있다. 글씨는 찍은 듯이 반듯반듯 한 획도 흐트러지지 않는다. 크레파스 칠도 선 밖으로 하나 튀어나간 게 없다. 이러니 언제나 시간을 놓친다. 머리카락 한 올도 흘러내리지 않게 땋아 다니는 지수, 하는 것도 그 모습 그대로다.

그 옆에 정원이 그림은 지수 그림하고 영 딴판이다. 한자리에 오 분을 앉아 있지 못하는 정원이는 그림도 자유롭다. 언제나 한 가지 색이다. 정해진 색깔도 아니다. 처음 크레파스 하나를 잡으면 끝날 때까지 그걸로만 칠한다. 밑그림 그릴 때 열심히 그려 놓은 선도 필요 없다. 선에 얽매이지 않는 정원이다. 그냥 손 가는 대로 마음 가는 대로 칠한다. 한자리에 가만히 못 있는 정원이가 그림에도 그대로 보인다. 정원이 그림을 보면 가끔은 가슴이 탁 트인다. 편안해서. 그러나 모자라는 담임은 아직도 정원이 그림 속으로 온전히 다 가서지는 못한다.

떨어진 연필도 줍고, 흐트러진 책도 챙기고 있는데 복도 쪽에서 다다다닥 뛰어오는 소리가 난다. 교실 문을 확 열어젖히며 "일등!" 하더니,

"어어, 아니네? 쌤 오늘 왜 이렇게 일찍 왔어요?"

재욱이다.

"어, 나도 일등 한번 해 볼라꼬."

"에이, 내가 일등 할 뻔했는데."

코가 빨개진 재욱이가 영 실망한 얼굴이다.

또 문이 확 열리더니 "강재욱!" 하고 소리를 친다. 원재다.

"와?" 재욱이 대신 내가 대답을 한다. 원재 녀석 그 동그란 눈을 더 커다랗게 뜨고 바로 달려온다. 볼이 빨갛다.

"재욱이요, 저어 저 복도에서 막 뛰었어요."

"······."

"내가 막 불렀는데 그래도 막 뛰던데요."

안 그래도 성질이 급한 녀석이 무척 흥분했다.

"천천히, 천천히 숨부터 좀 쉬어라."

원재 등을 쓸어내리는데, 아직도 얇은 홑잠바를 입고 있다. 아침 찬 바람이 그대로 묻어 옷이 차갑다.

"니이 안 춥더나?"

"빨리 뛰면 안 추워요."

"그렇게 뛰다가 넘어지면 무릎 다 까지는데."

"나는 절대로 안 넘어져요."

하긴 원재는 조그만 몸에 몸놀림이 재빠르고 다부져서 잘 넘어지진 않을 거다.

"그래도 그래 막 달리다가 옆에서 오토바이라도 나오면 우짤래?"

넘어져서 다치는 건 아무것도 아니지. 오토바이가 많이 다니는 좁은 골목길로 마구 뛰어올 원재를 생각하니 겁이 더럭 난다. 그렇지만 녀석은 딴 소리다.

"쌤, 오늘 왜 이래 일찍 왔어요? 밥은 먹었어요?"

도리어 내 걱정을 하고 있다.

"그런데요, 오늘 아침에 억수로 춥지요?"

"막 뛰면 안 춥다매?"

"아니요, 문을 딱 여니까요, 코에 찬물 들어간 것 같이 찡하던데요."

"나는요, 학교 올라올 때 귀가 없어지는 줄 알았어요."

재욱이도 옆에서 거든다.

"맞아 맞아, 아침에 문을 열고 나설 때 찬 바람이 쌩 불면 코가 째앵 하니 그랬지. 그래서 우쨌노? 추워서."

"코가 찡잉 하더마는 머리가 또 찡잉 하데요. 그래서 코를 딱 쥐고 막 뛰었어요. 그런데 인자는 손이 차가워서 손을 호주머니에 넣었어요."

"재욱이는?"

"귀가 없어지는 것 같더마는 잡아 보니까 있던데요. 만지니까 진짜로 차갑더래요."

그새 아이들이 많이 왔다.

"쌤, 뭐해요?"

주영이가 눈부터 먼저 웃으면서 다가온다.

"으으? 날씨가 너무 춥다고. 주영이도 마이 춥더나?"

"나는 추우면 코가 자꾸 나와요. 오늘도 또 아이들이 코찔찔이라 할걸요?"

그러면서도 또 웃는다. 언제나 이렇게 웃는 주영이다.

"날씨 추우면 나도 콧물이 나는데. 어른도 코찔찔이 될 때 있다."

연수회 준비고 뭐고 이러다가 아침 시간이 금방 지나간다. 마침 날씨 이야기가 나왔으니, 오늘 아침에는 추운 날씨에 대해 하고 싶은 말이 있으면 써 보자고 한다. 읽을 책을 펴 들고 앉던 녀석들도 죄다 종이를 한 장씩 들고 간다. 머리를 책상에 쿡 박고 열심히 쓴다. 하고 싶은 이야기를 불러 줄 테니까 선생님이 좀 써 달라는 아이는 언제부턴가 없어졌다. 지난 여름까지만 해도 연필을 잡고 한참을 가만히 앉아 있던 녀석들인데. 추운 겨울날 아침, 머리를 수그리고 오늘 아침 날씨를 열심히 쓰는 아이들 모습이 가슴을 참 따뜻하게 만든다. 오늘 아침에 급하게 해야 할 일이 있는지 없는지도 고만 잊었다. 아이들이 써 준 글이 날 붙잡아 앉힌다.

문 열고 나오니까 코에 찬물을 너은 거 같아요. 그런데 코가 찌잉 하더마는 머리도 찌잉 해요. 손으로 코를 쥐었어요. 그런데 인자 손이 차갑어요. 왼손으로 또 잡았어요. 왼손이 얼음물에 들어간 거 같았어요. (원재)

나는 아침에 엄마가 호주머니에 손 넣어 주었어요. 엄마 호주머니에 들어가니까 기분도 좋아요. 그런데 호주머니가 작아서 엄마 손은 다 못 들어가요. (경령)

학교 올라오는데 귀가 없어진 거 같다요. 손으로 만져 보니까 귀가 있었어요. 그런데 억수로 차갑던데요. (재욱)

나는 추우니까 코가 자꾸 나와요. 아이들이 코찔찔이라 해서 울라 했는데, 선생님도 추우면 코찔찔이 된다 해죠? 아이들이 코찔찔이라고 놀리면 선생님도 놀리는 거니까 안 하겠지요? (주영)

엄마가 아침밥 안 먹고 군고구마 주었어요. 어제 팔다가 남은 거 먹고 왔어요. 그런데 밖에 있어서 고구마가 찹아요. 누나가 고구마맛 아이스크림이니까 묵어라 해요. 나도 맛있다 했는데 잘 안 넘어갔어요. 물을 마이 마셔야 넘어가요. 엄마가 보리차를 덥펴 줘서 고마웠어요. 나는 우리 엄마가 조아요. (정민)

아빠가요, 어제도 술 먹고 외짠아요. 엄마가 밉다고 밥을 안 했어요. 내 학교 오니까 그래도 내 한터만 컵라면 해 줬어요. 춥은데 배고프면 더 춥다고요. 나는 뜨신 거 먹어서 하나도 안 추워요. (준현)

엄마 호주머니에 손 넣고 오면서 엄마 손 걱정하는 경령이, 차가운 군고구마를 아침밥 대신 먹으면서도 엄마가 데워 주는 따뜻한 보리차 한 잔에 감사하는 우리 정민이, 뜨거운 컵라면을 먹고 오면서 하나도 안 춥다고 얘기하는 우리 꼬맹이 준현이, 이 아이들이 나를 춥게도 뜨겁게도 만든다.

나도 고마운 사람이 됐는 거 같다

"선쌔미, 쌤은 내가 진짜로 고마워요?"

준현이는 1학년을 다 마쳐 가는 지금까지도 '선생님'이 안 되고 '선쌔미'다.

"으응?"

잠깐 무슨 말인가 생각하는데, 손에 구겨진 카드를 들고 있다. 오호라, 지난 겨울방학 하는 날 하나씩 써 줬던 카드구나.

아이들과 함께 한 해를 보내면서 하고 싶은 말들이 참 많았지. 새해에는 밥을 좀 빨리 먹었으면 싶은 경진이, 김치도 좀 먹었으면 싶은 동기, 제발 한 번만이라도 먼저 내게 말을 걸어 줬으면 싶은 인욱이, 이모할머니 댁에 얹혀 살고 있지만 늘 생글거리는 희진이에게도 해 주고 싶은 말이 있었지.

새아버지한테 맞는 게 두려워 집에 들어가고 싶지 않은 아이, 우리 준현이. 식당에 일하러 간 엄마가 돌아올 때까지 이 집 저 집 눈치를 보면서 놀러 다닌다고 했지. 아버지가 술 마셨다 싶으면 몰래 빠져나와 놀이터 미끄럼틀 아래서 발발 떨며, 엄마를 기다린다 했지. 그래도 동생이 예뻐서 아버지 집에서 살아도 된다고 하는 아이.

"아빠가요, 밥을 던져서 엄마 눈탱이 밤탱이 됐어요. 내 오늘 아침밥 못 묵어서 배 억수로 고파요."

하면서도 웃어 주던 준현이. 다른 아이보다 한 살이 많으면서도 키가 가장 작고 가장 마른 아이.

1번 김준현.

1번부터 가슴이 콱 막혀서 카드를 펴 놓고 한참이나 앉아 있었지. 쓰다가 다시 쓰고, 지우고 또 다시 쓰고. 처음 시작부터 카드를 몇 장이나 망쳤다. 이 아이에게 무슨 말을 써 줄까, 무슨 말이 위로가 될까? 말문이 콱 막혀 편지가 써지지 않던 우리 준현이. 그러고 나서 내가 뭐라고 썼지? 잘 떠오르지 않는다. 그토록 고민하고 마음 아파하면서 썼는데.

"엄머야, 이거 아직도 가지고 있었나? 어데 함 보자. 내가 우리 준현이한테 머시라 썼더노?"

아아, 얼마나 만지작거렸을까? 빳빳하던 카드가 보풀이 다 일었다. 한참 가슴 아파하다 겨우 몇 줄 적은 것 같은데 쓰기가 힘들긴 힘들었나 보다. 고민하면 뭘 하노? 겨우 썼다는 것이 1학년짜리가 알아들을락 말락 참 막막하다.

내 짝지 준현아,

준현이 이름만 불러도 내 마음이 막 부풀어 올라. 내 책상 바로 앞에 앉아서 내하고 짝하면서 준현이도 재미있었나? 나는 준현이가 날마다 그 자리에 터억 앉아서 내 보고 웃어 줘서 얼마나 마음이 놓이고 힘이 났던지 몰라. 니는 그거 모르제? 준현이가 학교에 오지 않는 날은 나도 자꾸 힘이 없어지고 마음이 어쩔 줄 몰라서 공부하다가 엉뚱

한 말도 막 하고 그랬는데. 준현이가 우리 반 되어 줘서 정말 고맙다. 그리고 날마다 학교에 와 주는 것도 고맙고, 내한테 날마다 웃어 줘서 고마워. 동무들하고 잘 노는 것도 정말 고맙다. 이제 방학하면 우리 준현이 웃는 얼굴 못 봐서 어떡하지? 밤에 놀다가 추우면 우리 집에 놀러와. 우리 집 알지?

그랬다. 그런 고통 속에 사는 준현이가 웃는 얼굴로 내 앞에 나타나 주는 것만으로도 고마웠다. 알아듣기도 힘들게 써 놓았는데도 이 카드를 방학 내내 얼마나 꺼내 봤을까? 보풀이 다 일도록 꺼내 보고 또 보고 그랬을까? 또 가슴이 아린다.

"선쌔미는 어른인데 내가 뭐가 고마워요? 나는 맨날 혼만 나는데. 그래도 고마워요?"

"그럼. 나는 준현이가 고맙다. 고맙고 말고."

"뭐가요?"

"내가 혼냈는데도 맨날 '선쌔미 안녕히 계세요' 하고 니가 내를 먼저 용서해 줘서 고맙지, 또 니가 학교에 오면 내 짝이 있으니까 고맙지, 동생을 예뻐하는 것도 고맙지, 동무들하고 잘 노는 것도 고맙지, 책 읽고 내한테 이야기 잘해주는 것도 고맙지, 억수로 많다."

"나는 선쌔미가 내한테 고맙다 해서 좋아요. 고맙다 해서 억수로 기분 좋았어요."

그러고 있는 사이에 또 아이들이 우르르 모여든다. 누구랑 이야기한다 싶으면 금방 우르르 모여들어서 한마디씩 거드는 게 우리 반 아이들이 제일 잘하는 거 가운데 하나다.

"쌤, 뭐해요?"

"어, 그 카드 나도 있는데. 나는 내 책상 앞에 붙여 놨는데."

"그거 준현이 카드예요? 준현이가 뭐랬어요?"

"내가 뭐라뭐라 했는데, 준현이가 기분 좋다고 했어. 그 다음은 비밀. 인자 자기 자리로 돌아가기!"

한참 떠들어야 하는데 바로 들어가라고 하니 영 김 빠진 얼굴들이다. 어느새 내 어깨에 터억 기대고 섰던 정원이는 손을 슬며시 내리면서 묻는다.

"내한테만 말해 주세요. 준현이는 머 땜에 기분 좋아요?"

"그건 비밀. 아아, 그래. 우리 그거 알아맞히기 놀이 하자. 재미있겠다. '생각주머니 공책' 꺼내기!"

재미있는 놀이라는 말에 아이들이 눈을 반짝거린다. 생각주머니 공책을 꺼내느라 바쁘다. "없는데 어떡해요." 하고 징징거리는 아이도 하나 없다. 없으면 없는 대로 알림장이든 종합장이든 아무 공책이나 떠억 펴 놓고 있다. 학교 밥을 한 해 먹더니 그런 넉살도 생겼다. 정이 다 들었는지 이젠 그것까지도 다 예쁘다.

"들으면 기분 좋아지는 말!"

연필을 들고 가만히 있다. 서넛만 고개를 숙이고 쓴다.

"엄마나 아버지가 하는 말 가운데서 들으면 기분 좋아지는 말을 생각해 봐요. 또 내가 하는 말 가운데서도 어떤 말이 가장 기분 좋았어요?"

"동무들이 한 말도 돼요?"

"그럼. 누가 한 말이건 다 돼요. 쓰고 나서 시간 남으면 그 말이 왜 기분 좋은지 써 보세요."

"먼저 쓴 사람은 듣고 싶지 않은 말도 써 볼까?"

제법 생각에 빠진 아이들은 고개를 들지도 않고 잘도 써 나간다. 아이들이 써 놓은 생각주머니를 읽으면서 자주 나오는 말을 적어 보니 서른 명 남짓한 아이들이 써 낸 말이 희한하게도 참 비슷하다. 집에서 쉽게 하는 말들을 아이들은 이렇게 가슴에 담고 있다. 내가 고쳐야 할 입버릇도 꽤 많다. 고쳐야지.

기분 좋은 말

우리 딸 잘하네, 인자 컴퓨터 해도 된다, 과자 사 온나, 공부 잘했네, 자 용돈해라, 이거 부탁 좀 할게, 고마워, 같이 놀자, 아이구우 내 강생이, 우리 예삐 왔쪄. 사랑해.

듣고 싶지 않은 말

아이구우 니는 누 닮았노, 공부나 해라, 시끄럽다 고마, 이거는 하는 거마다 지 애비 닮아서, 아이구 먼지 봐라 먼지, 니는 잘하는 기 머꼬? 인자 텔레비 꺼라, 자로 가라, 니이 그라면 용돈 없대이, 아이구우 이놈의 집구석, 내가 못 산다 못 살아, 귀신은 뭐 하노, 인자 됐다, 공부하자.

고개를 숙이고 열심히 쓰고 있던 준현이는 뭐라고 썼을까? 준현이 공책을 찾아 읽는데, 속이 다 녹아내리는 것 같다. 이런 속에서 어린 준현이는 또 어떻게 살아갈까? 이제 곧 2학년으로 올라가고, 헤어질 날이 일주일도 안 남았는데, 나는 이 아이에게 어떤 걸 해 줄 수 있을까?

준현이가 써 놓은 글이다.

기분 좋은 말

선생님이가 내한테 고맙다 해서. 이유는 나는 선생님이 고맙다 해서 기분이 억수로 좋다. 나는 진짜로 기분이 좋았다. 아버지가 날마다 저 새끼라 하고 엄마도 내보고 같이 죽자 했는데, 선생님이가 내가 짝지 되어 주어서 고맙다 했다. 강아지 똥처럼 나도 고마운 사람이 됐는 것 같다. 그래서 기분이 좋았다.

안 듣고 싶은 말

엄마가 우리 고마 죽자 하는 말하고 아버지가 일로 와 봐라 할 때. 이유는 나는 죽는 것이 무섭다. 그라고 우리 엄마가 그 말할 때는 너무 불쌍하기 때문입니다. 또 아버지가 일로 와 봐 해서 가면 발로 차고 혼내기 때문입니다. 나는 일로 와 봐 하면 집 밖으로 도망칩니다.

선생님, 요새 선물 많이 주네요

12월 들면서부터 아이들과 헤어지는 2월까지는 자꾸 춥고 시리다.

'평가 기록을 내 놓아라.'

'생활기록부 정리를 언제까지 마치고, 언제까지 결재를 받아라.'

할 때마다 마음 한쪽이 서늘해진다. 어느새 이 아이들하고 헤어질 준비를 할 때구나 싶어서. 올해는 우리 아이들하고 어떻게 살아왔는 가, 올해 꼭 심어 주려고 했던 건 무엇이었던가, 우리 아이들하고 얼마나 마음을 주고받았는가……. 이런 것들을 돌아보면 해마다, 마칠 때마다 아쉽고 아프다. 내년에는 안 그래야지 하면서 또 학년 말이 되면 똑같지.

얼마 남지 않은 날이라도 차분하게 마무리하고 싶어 남은 날을 손가락으로 세어 가며 하나하나 짚어 본다. 이것저것 마음에 걸리는 것들만 하루씩 잡더라도 한 달은 더 필요할 것 같다.

'우리 동무와 이웃들에게 눈을 돌리고 함께 마음을 나누고 살았던 가? 충분했나? 아, 그래 방학할 때까지 이 공부를 좀 더 살피고 한 번이라도 더 짚어 보자.'

'우리 둘레 환경 문제는 조금이라도 아이들 마음에 자리 잡았을까? 이건 모레쯤 하루 이틀을 더 잡아야겠다. 어떤 자료가 좋을까?'

'수학은? 그래, 이것도 한 영역씩 살펴보고 안 되는 아이들이 있으면 좀 봐 줘야 하는데, 아아 이건 하루 이틀에 될 일이 아닌데. 2학년 올라가서 학습 부진아라는 말 들으면 안 되는데.'

'즐거운 생활 시간에도 너무 놀기만 한 건 아닐까? 내년에 올라가서 기본이 안 돼 있다고 혼이라도 나면 어떡하지?'

'남주는 아직 받아쓰기도 잘 안 되는데 어떡하지?'

'아이들 활동지를 챙겨서 표지를 만들어 엮고, 함께 감상하는 일도 남았는데. 이것도 아이들하고 꼬박 하루를 해도 다 안 될 텐데.'

바쁜 마음에 속이 타는데 그 속을 알 턱이 없는 쪽지는 쉴 새 없이 날아들어 그나마 며칠 남지 않은 시간을 잡아먹는다.

'오전 중에 꼭 내주세요.'

'퇴근 전까지 꼭 보내 주세요.'

'생활기록부 출력물 마지막 점검합니다. 자기 반 출력해서 같은 학년 선생님들 서로 바꾸어 점검해서 잘못된 것 수정하시고, 퇴근 전까지 짝지 학년끼리 바꿔서 꼼꼼하게 다시 점검해 주세요.'

쪽지를 다 읽기도 전에 또 다른 쪽지가 날아든다.

'방학생활계획표 만들어서 결재 받으시고, 학년별로 인쇄해 주세요.'

'공문철과 업무장부 인수인계 해 주세요. 학교를 옮기시는 선생님, 특히 장부 정리해서 짝지 선생님께 잘 전해 주시고, 짝지 선생

님은 3월에 업무 차질 없도록 잘 받아 놓으세요.'

'학습준비물계입니다. 내일 오후에는 자료실 준비물 정리합니다. 교실에 남은 학습준비물 챙겨서 내일 2시까지 보내 주십시오. 아이들 편에만 보내지 마시고 선생님이 직접 오셔서 챙겨 넣어 주세요.'

'수요일까지 통지표 출력해서 결재 받으십시오.'

'올해 썼던 교사용 도서와 참고 도서들은 모두 챙겨서 담당에게 보내 주세요. 빌려 가신 책 목록을 보내 드리니 한 권도 빠짐없이 챙겨서 오늘 안에 보내 주세요'

'올해 각 반에서 썼던 캠코더를 비롯한 장비들 점검해서 방송실로 보내 주세요. 보내기 전에 수리할 것, 바꿔야 할 것, 꼼꼼히 살펴서 기록해 주세요. 봄방학 때 수리할 것입니다.'

수없이 날아드는 쪽지를 챙기는 데도 지쳐서 노그라진다. 나처럼 천천히 일을 하는 사람은 이 쪽지를 받는 것만도 참 힘겹다. 아이들 없는 오후에 해도 될 일이면 오후에 쪽지를 보내면 좀 좋으냐 말이다. 일도 자꾸만 꼬이고 잘 되지 않는다. 학교 전체로 돌아가는 일이라 하루든 이틀이든 미룰 수도 없다. 한 사람 손이 빠지면 모두가 기다렸다가 해야 하는 일이라 폐가 된다. 그러니 정신을 차려야 한다. 내가 중심을 잡아야지.

오후에 아이들이 가고 나면 내일 할 일과 꼭 해 줄 이야기를 적어 놓는다. 아이들이 했던 활동지 묶음, 글쓰기 공책, 교단 일기, 아이들 이야기를 꺼내 하나씩 살피면서 무엇이 부족한지 어떤 이야기를 해 줄지도 정리한다.

1번 주난이

생일이 빠른 덕인지 다른 아이들보다 이해도 빠르고 무엇이든 시원 시원하게 한다. 늘 동무들을 이끌고 다니길 좋아하고 지는 걸 싫어한 다. 자기보다 좀 모자라는 동무들에게도 마음을 주고 도와주는 좋은 동무가 되었으면 좋겠다.

2번 주은이

자기가 할 일이나 공부에 빈틈이 없다. 다른 아이들에게 피해를 주 지도 않고, 다른 사람이 실수해서 귀찮은 일이 생기는 것도 참지 못 한다. 2학년 때는 좀 둥글게 어울려 지내면 좋을 텐데.

3번 혜윤이

엄마가 바빠서 잘 챙겨주지 못하지만 혼자서 늘 열심히 하는 기특 한 아이다. 아주 친한 동무 딱 셋하고만 어울려 노는데 좀 더 많은 동 무들하고 어울리면 좋을 텐데.

한 아이씩 돌아보며 아이들에게 줄 편지를 쓴다. 이 일도 하루에 끝날 일은 아니다. 그리고 이제 교실 살림도 정리해야 한다. 공부를 마친 오후, 아도나 상자 하나를 가져다 책상 위에 쏟아 놓는다. 주 인을 찾지 못하고 아직도 남아 있는 학용품이 우르르 쏟아진다. 길 고 짧은 연필이 수두룩하다. 모두 깎아서 하나하나 이름표를 붙인 다. 새것만 하지는 않지만 예쁜 그림을 넣어 이름표를 만들어 붙이 니 제법 깔끔하다. 다음 날 "선물이에요." 하고 긴 것과 짧은 것을 하나씩 쥐어 준다.

"진짜 선물이에요? 이거 다 주는 거예요?"

"그럼, 잘 아끼고 잘 나누어 쓰고 남은 선물. 아도나 상자가 주는 선물이대이."

선물이라는 말에 입이 헤벌레 벌어진다. 그래 봐야 저희들이 잃어버리고 찾아가지 않은 것들인데. 그래도 선물이란 기분 좋은 것이다.

아이들을 보내고 이번에는 크레파스를 모아 둔 아도나 상자를 쏟아 놓는다. 종이 옷이 벗겨진 것, 반 토막 난 것, 아주 새것, 모두 두 통이 넘겠다. 틈틈이 잃어버린 것들을 찾아가게 하는데도 이렇게 많이 남아 있다.

쓸 만한 것을 골라 길이대로 색깔대로 세 무더기로 나눈다. 이번에는 남주랑 재윤이, 민하한테 줄 것이다. 학용품 간수를 잘하지 못하는 녀석들이라 1학년 들어서 크레파스를 몇 통씩은 샀을 거다. 지금도 크레파스는 다 잃어버리고 빈 통만 남았다. 종이 옷을 입히고 남주랑 재윤이, 민하 이름표를 붙인다. 주인 없이 돌아다니던 것들이지만 하나하나 이름표를 예쁘게 만들어 붙이고 지퍼백에 담으니 그런대로 한참은 쓰겠다. 지퍼백에 리본도 하나 달고, 큰 이름표도 만들어 붙였다.

"자아 남주, 선물!"

"어어, 왜 남주는 선물 줘요?"

"남주는 2학년 때도 그림 많이 그리라고."

"나도 그림 많이 그릴 건데."

"니는 크레파스가 많이 있잖아. 자아들은 없거든."

다시 아이들이 돌아가고, 교실에 또 나 혼자 남았다. 오늘은 마지막 아도나 상자를 비우는 날이다. 지우개, 자, 사인펜, 칼, 가위, 색연필, 풀, 색종이……. 주인을 기다리는 학용품은 참 많기도 하다. 자기 물건 아까운 줄 알고, 제자리에 제대로 챙기자고 그렇게 해도 주인 잃은 물건이 이렇게 쌓이니 이것도 올 한 해 내가 꾸준히 챙기지 못한 탓이다. 깨끗이 닦고 테이프로 붙이고 손질을 하니 쓸 만한 것들이다.

"민준이, 이거 선물."

"어어, 내 모양자 없는데. 고맙습니다."

"이거는 승하 선물!"

"와아, 내 지우개. 고맙습니다."

"기창이도 선물 줄게. 자아."

"어어 가위다. 고맙습니다."

"그런데 내 이거 없는 거 어떻게 알았어요?"

"다 아는 수가 있지롱."

"선생님, 요새 선물 많이 주네요."

"어."

"왜 자꾸 선물 줘요?"

"글쎄? 그냥 마구마구 주고 싶네. 선물 자꾸 주니까 좋은데 뭘."

저희들이 잃어버린 것이란 말은 쏙 빼고 내 생색만 내고 돌아서는데 기창이가 가위를 만지작거리면서 짝지한테 말한다.

"선생님 요새 디게 착하제?"

"어어, 날마다 선물 주제?"

결국은 내가 착한 선생이 되었다.

창밖이 껌껌한데, 불을 켜 놓고 교실을 휘이 둘러보니 참 많은 생각들이 스친다. 영 모르는 얼굴들이 만나서 한 해를 부딪쳐 살면서 친해지고 익숙해지고, 그러다 벌써 헤어질 준비를 하고. 이러기를 벌써 몇 해짼가. 스무 해가 넘게 아이들을 만나고 헤어지면서 아직도 이렇게 모자라고 아쉽고 안타깝다.

해마다 마음 찡한 감동 하나를 심어 주고 좀 여유 있게 멋있게 헤어지고 싶은 욕심을 부려 보지만 결국은 또 이렇게 혼자서 아이들을 떠나보낸다. 연필 깎아 이름표 붙이면서, 크레파스 종이 옷 새로 입히면서, 학습지 파일 정리하면서, 편지를 쓰면서.

그래도 오후마다 어두워질 때까지 아이들 이름표를 오리고 붙이면서 나도 모르게 웃음이 번진다. 가랑잎 떨어져 내리는 날 아침 조회 때 일도 떠오르고, 사남이 새끼 없어졌다고 온 학교를 쑤시고 다니던 일도, 상욱이 '어굴한 이야기'도 있고, 이웃 이야기를 하면서 눈물 글썽이던 모습도 떠오르고.

마지막에 하나둘 받은 그 선물들에 담긴 뜻을 이 꼬맹이들은 언제쯤 알까? 아껴 쓰고 도와주고 나누어 갖는 아도나 상자를 얼마 동안 기억해 줄까? 글쓰기 공책이며 문집이며 우리가 함께 해 왔던 삶을 가꾸는 주제 공부며, 그 속에 담긴 뜻을 조금이라도 알아들었을까? 하지만 이 또한 부질없는 욕심이란 걸 안다.

텅 빈 아도나 상자들, 아이들 작품이 다 빠져나간 뒷자리 작품판, 사물함이며 책꽂이, 아이들이 앉았던 자리, …… 모두가 큰물 들었다 빠진 자리처럼 휑하니 가슴을 쓸어내린다.

대경이가 노래를 한다

벌써 한 해 마무리를 하는 2월이다. 우리 학교는 2월에 학예회를 한다. 다른 학교에서 거창하게 하는 그런 학예회하고는 다르다. 제각기 자기 반 마무리 잔치쯤으로 생각하고, 반 아이들끼리 어떻게 할지 정하고, 저희들끼리 연습도 하고 준비를 다 한다.

교장 선생님은 전교생을 강당에 모아 놓고, 준비된 공연으로, 잘하는 아이들을 무대에 세워 그럴싸한 발표회를 하고 싶어 한다. 그러나 그러다 보면 몇몇 아이들만 무대에 올라가게 되고, 대부분의 아이들은 잘 보이지도 않는 걸 고개를 쭉 뽑아 가며 지겹게 앉아 있어야 하겠지.

교장 선생님 뜻이야 어떻든 우리는 오래 전부터 이어져 온 이 학교 전통이라고 박박 우기면서 밀고 나가기로 했다. 포기할 줄 모르는 교장 선생님은 '내가 올해 처음 와서 그렇지, 언젠가는 꼭 바꾸고 말거다.' 하고 벼르고 있다는 소문이다.

어쨌든 올해는 지난해와 마찬가지로 반 아이들이 준비한 거 소박하게, 모두가 참여해서 마무리 잔치를 한다. 그런데 이걸 어떡해야 하나? 수요일에 개학해서 목, 금 이틀 나오고 토요 휴업일이라 토,

일 쉬고 월요일 하루 나오고 화요일에 잔치를 해야 한다. 2월에 학교 나오는 날이 거의 없으니 잔칫날 잡는 것도 쉽지 않다.

아무리 한 해 동안 배운 것 가운데 뽑아서 연습 없이 한다지만, 고학년도 아니고 1학년인데. 긴긴 겨울방학 마치고 학교 사흘 나와서 뭣 좀 맞춰 보고, 나흘째 되는 날 잔치를 할라니 마음은 바쁘고, 준비할 것은 많고, 갈 길은 멀고! 옆반 선생님 입에서도 바빠서 정말 코를 베어 가도 모르겠단 말이 나온다.

오늘 아침에 학교에 오니 그래도 기특하고 자랑스러운 우리 반 예쁜 아기들이 실로폰, 리코더, 오카리나, 하모니카, 탬버린, 소고 이런 것 들고 몇몇씩 앉아 연습을 하고 있다. 교실 앞 칠판 아래, 교실 뒤쪽, 복도, 가운데 이야기 자리 곳곳에 둘러앉아 제법 진지하게 연습한다. 아직 소리도 잘 안 맞고, 어떤 녀석은 계이름도 못 외워서 더듬거리고 있지만.

여느 잘 사는 동네하고 달라서 아이들이 연습하는 악기도 소박하기 이를 데 없다. 좀 고급스러운 악기라고 겨우 바이올린 하는 아이가 둘 있는데, 그나마 한 아이만 중고를 사긴 해도 자기 바이올린이고, 한 아이는 바이올린 빌려 주면서 가르쳐 주는 교회 초등부에서 빌려 와서 연습하고 있다. 악기는 비록 소박하지만 끼리끼리 모여서 연주하는 모습은 정말 그림처럼 아름답다.

교실 뒤쪽에서는 여자 아이들이 모여 '예쁜 아기 곰'을 부르면서 춤을 맞추느라 바쁘고, 남자 아이들 여섯은 복도에 나가서 이루의 '까만 안경'을 연습한다. 그런데 발을 맞추어 오른쪽 왼쪽 한 걸음씩 옮기며 리듬을 타면서 노래하기로 한 모양인데 어찌나 뻣뻣하고 웃기는지. 아직 아기티를 못 벗은 이 녀석들이 뭔 노래 맛을 아는 것처럼 눈을 지그시 감으면서, "싸랑해요 나 그대……." 할 때는 그 진지한 모습에 웃지도 못한다.

아침에 교실에 들어서는데 우리 아이들이 이러고 있는 모습을 보니, 가슴이 울컥한다. 아아, 아이들이 이렇게 커서, 지들끼리 모여서 열심히 연습하고 맞춰 보고. 이 아이들이 진짜 코찔찔이 1학년 맞나 싶다.

우리 반 마무리 잔치는 어떻게 할까? 뭣 좀 그럴듯해 보이게 발표하려면, 학원 다니는 아이는 학원에서 연습해 와야 하고, 학교에서도 달달 볶아야 하고, 집에서도 엄마들한테 부탁해서 밤낮으로 연습을 해야 좀 그럴듯한 잔치가 되겠지.

그런데 그게 뭔 잔치냐? 잔치는 잔치다워야 잔치지. 즐겁고 재미있고 신명나게. 그래서 우리는 1학년 들어와서 제일 재미있고, 신나게 배운 것 가운데 두어 개 뽑아 보기로 했다. 겨울방학 전에는 발표하고 싶은 것이 있으면 방학 동안 연습 좀 해 보라고 하긴 했지만, 긴긴 방학 동안에 그걸 새겨 두고 꾸준히 연습할 아이가 몇이나 있을까? 그것도 이제 겨우 1학년이.

개학하고 거의 새로 준비하는 셈인데, 어렵고 거창한 것은 할 시간도 없고, 할 힘도 없다. 저희들보고 제일 잘 할 수 있는 것, 제일 재미있고 즐겁게 할 수 있는 것 골라라 했더니 실로폰, 리코더, 탬버린, 줄넘기, 노래. 두 녀석은 학원에서 배운 것이 있다고 웅변을 한단다. 태권도 하겠다는 녀석이 둘, 선하는 수화로 노래하겠다 하고.

그리고 우리 대경이. 여름방학 마치고 왔을 때는 한 이틀 낯을 가리고 울어서 엄마 애를 태우더니, 이번 겨울방학 마치고는 혼자 늠

름하게 교실에 쓰윽 들어왔다. 그것만 해도 얼마나 대견스럽던지. 개학 첫 날. 저마다 자기 하고 싶은 걸 정하고, 끼리끼리 모여서 편을 짜니까 대경이가 옆에 와서 옷자락을 잡아당기면서 뭐라 뭐라 말을 붙인다.

먼저 나온 아이들 몇몇을 데리고 편짜는 걸 돕느라 제대로 못 들었다. '으응'만 해 주고 하던 말을 이어서 하는데 이번에는 아주 깜짝 놀랄 만큼 큰 소리로 "대경이도 노래 할 수 있는데." 한다. 옆에 있던 민지가 "선생님 대경이도 노래한대요." 하고 거든다.

얼마나 반갑던지. 노래는커녕 칠판 앞에 나와 '안녕하세요' 인사 한마디 하는 것도 무섭다고 십 분쯤을 망설여야 겨우 입을 여는 아이, 대경이가 노래를 하겠다는 거다.

"엉? 우리 대경이도 노래해야지, 그럼! 무슨 노래 하고 싶어?"

"대경이 노래할 수 있어요."

"그래, 대경이도 노래할 수 있지. 무슨 노래 할까?"

"아아, 대경이도 노래 할 수 있다니까요."

여기까지. 내가 또 대경이보다 앞서 나가고 있는 거다. 대경이가 노래한다고 하면 됐지, 무슨 노래 할 건지 자꾸 물을 건 뭐냐고. 대경이한테 눈을 맞추고 마음을 맞춘다는 것이 이렇게 잘 안 된다.

"그래, 우리 대경이도 노래하자. 언제 해 볼까?"

"아니, 안 해요. 무섭단 말이에요."

그새 마음이 식었나?

"대경이 좋아하는 동무들 이렇게 많은데도 무서워?"

"싫어, 싫어. 무섭단 말이야."

노래할 수 있다는 말 한마디에 내 맘대로 흥분했다가 다시 스르르 힘이 빠진다. 아이들이 편짜고, 노래하고, 악기 두드려 대는 걸 보고 '대경이도 하고 싶어.' 하는 마음이 들었다는 것만도 얼마나 기뻐할 일인데. 그래 오늘은 이 정도로만 기뻐하자, 그러면서도 욕심이 슬슬 난다. 엄마들이 다 모인 자리에서 우리 대경이가 노래 하나 불러 주면 얼마나 좋을까? 지금까지 힘들게 뒷바라지해 온 대경이 엄마, 그 노래 듣고 얼마나 기운이 날까?

'아아, 이번 잔치에 대경이 노래를 꼭 부르게 하고 싶다.'

그저께도 오늘도 대경이는 저도 노래하겠다고 나와서 내 손을 꼭 쥐고 섰다가 결국 그냥 자리로 들어가고 만다. 제 스스로 이 앞에 나와 서기까지 한 해 가까이 걸렸다. 내 손을 잡고 서서 바들바들 떨고 있는 대경이 손에 축축하게 땀이 차지만 이것만도 얼마나 좋아진 건가? 그래도 또 욕심이 앞선다. 우리 대경이 노래를 어떻게 시작해 보게 할까, 시작이 어렵지 한 번만 해 보면 할 수 있을 텐데. 그러구러 마음속으로 바쁘게 재어 보고 있는데,

"우리 대경이 노래 잘 하잖아요?"

한다. 아이들이다. 아이들이 여기저기서 한마디씩 거들고 나섰다.

"대경아, 마법의 성 부를래? 학원에서 잘 부르데?"

"대경아, 노래 잘하지? 함 해봐."

"대경이 텔레비전 틀어 주면 잘하는데. 우리 대경이 텔레비전 틀고 따라 부를까?"

입술도 겨우 달싹거리는 대경이한테 아이들이 힘을 주고 있다. 나보다 훨씬 더 부드러운 목소리로 마치 엄마가 아기를 달래는 것처럼.

옆에 아이가 조금이라도 방해하면, 짜증 내고 일러 주고 징징거리

는 저 아이들이 대경이한테 하는 걸 보면 천사 아닌 아이가 없다. 자기보다 늦되고 부족한 동무를 업수이 여기지 않고 따돌리지도 않고 함께 손잡고 가는 이 아이들이 천사지. 이 아이들한테 '정신지체장애 2급' 뭐 이런 건 아무 의미가 없다. 그냥 '우리 반 대경이'다.

오늘은 한 시간만 차례로 나와서 자기 연습한 것 해 보고, 둘째 시간에는 동무들에게 주는 상장을 만든다. 내일 마무리 잔치 때 '우리가 만든 상'을 동무에게 줄 거다. 한 해 동안 함께 지내면서 도움을 받았거나, 함께 어울려 행복했던 시간을 돌아보고 자기 마음을 담은 상을 만든다. 쉬는 시간 종이 쳐도 '안 놀아요?' 하는 아이도 없이 쏙 빠져들었다.

발레를 하지 않아도, 피아노도 플루트도 하나 없이 소고하고 탬버린만 있지만, 이 아이들이 삐뚤삐뚤 적은 저 상장이 잔치를 얼마나 빛내 줄까? 머리를 푹 박고 상장을 적고 그리는 아이들을 보며 그런 환상에 젖어 있는데 아이들 몇몇이 문을 드르륵 열고 들어온다.

"선생님, 대경이 인제 노래해요."

"인자 진짜로 잘해요."

"우리하고 같이 하면 진짜로 잘해요."

대경이 손을 잡고 들어온 아이들이 어찌나 흥분되었던지 목소리가 교실 천장을 뚫을 듯하다. 꿈동산에 간다고 나가더니, '대경이를 얼마나 달래고 구슬렀는가?' 싶은데 대경이가 커다랗게 눈을 뜨고 우렁차게 말한다.

"대경이 지금 노래하께요."

"대경이 민지하고 예진이하고 노래하께요."

그래 불러 봐라 할 틈도 없이 한 손은 민지가, 한 손은 예진이가

잡고 교실 가운데 턱 섰다.

"크고 작은 은빛 동그라미 ……."

대경이가 노래를 한다. 대경이가 우리 모두들 앞에 서서 노래를 한다. 나도 못 시켰던 노래를, 저 작은 아이들이 대경이 손을 잡고 함께 노래를 한다. 아아, 그런데 그것만이 감격스러운 게 아니다. 대경이 손을 잡고 함께 부르기 시작했던 민지랑 예진이가 저희들 목소리를 아주 낮게, 아니 거의 입만 벙긋거리는 정도다. 손을 꼭 잡고 대경이와 눈을 꼭 맞추며 입만 크게 방긋방긋, 그렇게 대경이 노래를 살려 주고 있는 거다.

'아아! 여러분, 이 아이들이 진짜 일학년 아이들 맞습니까?'

괜히 없는 여러분을 찾으면서 황홀경에 빠진다. 소란스럽게 들어오는 이 아이들 때문에 덩달아 둘러섰던 아이들, 그때까지 상장을 만든다고 책상에 머리를 박고 있던 아이들이 하나둘 일어서서 앞으로 나온다. 대경이 손도 잡아 주고 대경이 앞에도 서고, 뒤에도 서고 대경이를 빙 둘러섰다. 대경이가 그 어려운 '창작동요제' 노래를 끝까지 다 부를 때까지 아이들은 손을 흔들고, 입만 움직이는 금붕어 노래로 함께 따라 불러 주고.

노래를 낭랑하게 부르는 대경이, 이 아이가 오늘 이렇게 빛날 수가 없다. 대경이를 둘러싸고 노래 끝날 때까지 입을 벙긋거리는 이 아이들, 조마조마하고 간절한 눈빛으로, 한편으론 힘을 주는 따뜻한 눈으로 바라보며 함께 노래해 주는 우리 반 이 아이들은 또 얼마나 빛나는가!

나는 맨날 맨날 이렇게 이 조그만 아기들한테서 하나씩 배우면서 살았다. 늘 아이들이 먼저 대경이를 챙기고 거두었다.

"사반 동무들 모두모두 고맙대이. 너거들이 내보다 훨씬 낫네."

"이래 따뜻한 너희들하고 한 반이 되어서 나는 너무너무 고마워. 아이참, 나는 너거들보다 맨날 늦는다, 그치?"

뒤늦게 이런 말로 아이들한테 고마워하면서 한 해를 살았다. 되돌아보니 대경이 일뿐만 아니다. 저희끼리 싸우거나, 조그만 일도 넘어가지 못하고 쪼르르 달려와 일러 주면 나는 그만하라고 소리부터 질렀지. 아이들이 좀 겁먹었다 싶으면 그제서야,

"미안 미안, 소리 질러서."

그러면서 사과나 하고. 그럴 때마다 옆에서,

"그런데요, 석우 말도 좀 들어 보지요?"

"나도 쌤처럼 화 날 때 있어요."

해서 정신이 번쩍 들게 해 주는 것도 이 아이들이었다.

내일 마무리 잔치에서는 이 아이들이 만든 상장이, 서로를 칭찬하고 북돋워 주는 상장이 잔치 마당을 한껏 빛낼 거라 생각했는데, 벌써 오늘부터 이 아이들이 먼저 내한테 가슴 가득 환한 빛을 안겨 준다.

"바람개비 뱅그르르……."

노래를 따라 부르는데 눈물도 나고 목도 메이고. 오늘 일이고 뭐고 다 팽개치고 너무나 아름답고 귀한 이 아이들 글쓰기회 카페에도 자랑하고 여기저기 퍼 나르면서 또 떠들고 자랑해 댄다.

지금부터 마술 모임이 쓸 마술사 모자도 만들고, 소고 모임이 쓸 고깔도 만들고, 이루의 까만 안경 모임이 낄 까만 안경도 여섯 개나 만들어야 하는데. 할 일은 엄청 많지만 가슴이 가득 차서 그저 행복하기만 하다.

'아아, 우리 사반 일마들을 우예 보내지?'

'아니, 이 아아들 놔 두고 내 우예 다른 학교로 가지?'

'아아, 행복하고 아름다운 하루! 인자 집에 가서 밥해 먹어야지. 오늘은 밥 안 먹어도 배 안 고플 것 같아.'

어둑한 학교 내리막길을 내려오면서도 발걸음이 붕붕 뜬다.

글 박선미

경상남도 밀양에서 태어나고 자랐습니다.

부산에서 초등학교 아이들과 함께 살아온 지 스무 해가 훌쩍 넘었습니다.

이오덕 선생님과 권정생 선생님을 만나고, 한국글쓰기교육연구회 회원이 되면서

'우리 말과 삶을 가꾸는 글쓰기 교육'을 위해 애써 왔습니다.

자라면서 겪은 일을 되살려 《달걀 한 개》, 《욕시험》, 《산나리》를 썼습니다.

우리가 살아가는 이야기를 입말로 생생하게 풀어내 이야기 문학의 자리를

넓혔다는 평가를 받았습니다.

그림 하나

그림이 좋아 여기저기 낙서를 계속하다 보니 책에도 그림을 그리게 되었습니다.

이 세상에 있는 사람들, 생물들, 사물들이 가진 저마다 다른,

특별한 이야기들을 찾아내어 계속 그리고 만들며 살고 싶습니다.

"달(콤하)군." 이라고 이야기할 만한 일이 많았으면 좋겠다는 마음을 담아,

'달군'이라는 이름도 함께 쓰고 있습니다.

살아 있는 교육 22

학교 참 좋다 선생님 참 좋다

글 박선미 | 그림 하나

2010년 9월 27일 1판 1쇄 펴냄 | 2018년 5월 24일 1판 3쇄 펴냄

편집 김성재, 김소영, 김용란, 문지원, 백승윤, 이경희, 이용석, 이지나, 조성우
제작 심준엽 | **영업·홍보** 안명선, 양병희, 이옥한, 정영지, 조병범, 조서연, 최민용
경영 지원 임혜정, 전범준, 한선희
인쇄와 제본 (주)천일문화사

펴낸이 유문숙 | **펴낸 곳** (주)도서출판 보리 | **출판 등록** 1991년 8월 6일 제 9-279호
주소 (10881) 경기도 파주시 직지길 492 | **전화** 031-955-3535 | **전송** 031-955-3533
누리집 www.boribook.com | **블로그** boribook.tistory.com | **전자 우편** bori@boribook.com

ⓒ박선미, 하나 2010

보리는 나무 한 그루를 베어 낼 가치가 있는지 생각하며 책을 만듭니다.

ISBN 978-89-8428-630-6 03370

이 책의 국립중앙도서관 출판시 도서목록(CIP)은 서지정보유통지원시스템 홈페이지(http://seoji.nl.go.kr)와
국가자료공동목록시스템(http://www.nl.go.kr/kolisnet)에서 이용하실 수 있습니다. (CIP 제어 번호:CIP2010003323)